服装市场营销

主　编　韩英波
参　编　祖秀霞　石俊雅　曲　侠
　　　　常　元　徐曼曼　崔凤宇

北京理工大学出版社
BEIJING INSTITUTE OF TECHNOLOGY PRESS

内 容 提 要

本书采用模块—项目—任务制编排模式，包括基础篇、策略篇两个模块，共设置 9 个项目 32 项任务，分别为服装市场营销认知、服装基础知识、服装市场营销环境分析、服装市场调研、服装市场细分和定位、服装产品策略、服装价格策略、服装营销渠道策略、服装促销策略，力求完成理论—调研—理论—实践的教学过程。另外，本书还配备微课、视频资源，满足信息化教学需求。

本书可作为服装营销专业的核心课教材，也可作为服装与服饰设计、服装设计与工程专业、服装陈列与展示设计等专业的专业课教材，还可作为广大服装营销爱好者的参考用书。

图书在版编目（CIP）数据

服装市场营销 / 韩英波主编. -- 北京：北京理工
大学出版社，2024.1
　　ISBN 978-7-5763-2717-5

　　Ⅰ.①服…　Ⅱ.①韩…　Ⅲ.①服装－市场营销学
Ⅳ.①F768.3

中国国家版本馆CIP数据核字（2023）第150349号

责任编辑：时京京	文案编辑：时京京
责任校对：刘亚男	责任印制：王美丽

出版发行 / 北京理工大学出版社有限责任公司

社　　址 / 北京市丰台区四合庄路 6 号

邮　　编 / 100070

电　　话 / (010) 68914026（教材售后服务热线）
　　　　　　　(010) 68944437（课件资源服务热线）

网　　址 / http：//www.bitpress.com.cn

版 印 次 / 2024 年 1 月第 1 版第 1 次印刷

印　　刷 / 河北鑫彩博图印刷有限公司

开　　本 / 787 mm×1092 mm　1/16

印　　张 / 12

字　　数 / 261 千字

定　　价 / 89.00 元

FOREWORD
前言

党的二十大报告指出："增进民生福祉，提高人民生活品质。""必须坚持在发展中保障和改善民生，鼓励共同奋斗创造美好生活，不断实现人民对美好生活的向往。"在未来，我国服装行业仍然面临良好的发展机遇，将继续保持快速发展。同时，消费者对服装的要求也会越来越高，会更加注重消费体验感。因此，要研究如何在激烈的市场竞争中保持优势，如何更好地了解消费者需求，如何正确地分析市场机遇和挑战，如何及时地制定市场营销策略，尤为重要。

基于以上问题，本书从基础篇（服装市场营销认知、服装基础知识、服装市场营销环境分析、服装市场调研及服装市场细分和定位）和策略篇（服装产品策略、服装价格策略、服装营销渠道策略及服装促销策略）两大模块入手，分别对整个市场营销环境进行了分析、对营销策略进行了总结。按照企业市场营销经营过程，分别从前期市场理解、专业知识把控、市场环境分析、各类数据调研、市场细分和市场定位等这些对企业决策有重大影响的因素和环节入手进行分析和研究，并在此基础上完成企业的营销策略制定。

通过本书的系统学习，学生能将市场营销专业知识与服装专业知识有机融合，将专业实践与企业实际操作案例相互融通，理解并掌握具体营销策略的实际应用，在服装行业销售领域更具优势。同时，在产品开发、卖点制造等方面也能更好地贴合目标顾客，提高竞争实力。

本书由辽宁轻工职业学院韩英波担任主编；由辽宁轻工职业学院祖秀霞、石俊雅、曲侠、常元、徐曼曼，大杨集团有限责任公司崔凤宇参与编写。宝胜国际（控股）有限公司大连分公司冯旭为本书编写提供了案例支持，大连鸿玛服饰有限公司邓秀为本书编写提供了数据支持。此外，本书引用了优秀学生的作业，从网上选取了知名品牌的相关案例，参考了国内外相关著作、教材、论文，在此表示衷心的感谢。

由于编者水平有限，书中难免存在待商榷之处，敬请各位同人批评指正。

编　者

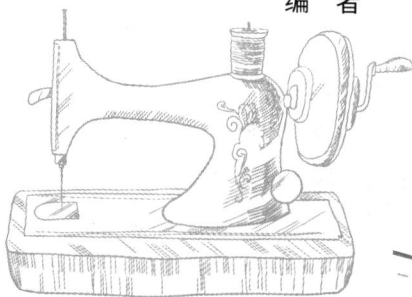

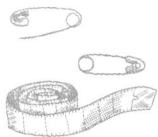

CONTENTS
目 录

模块一

基础篇

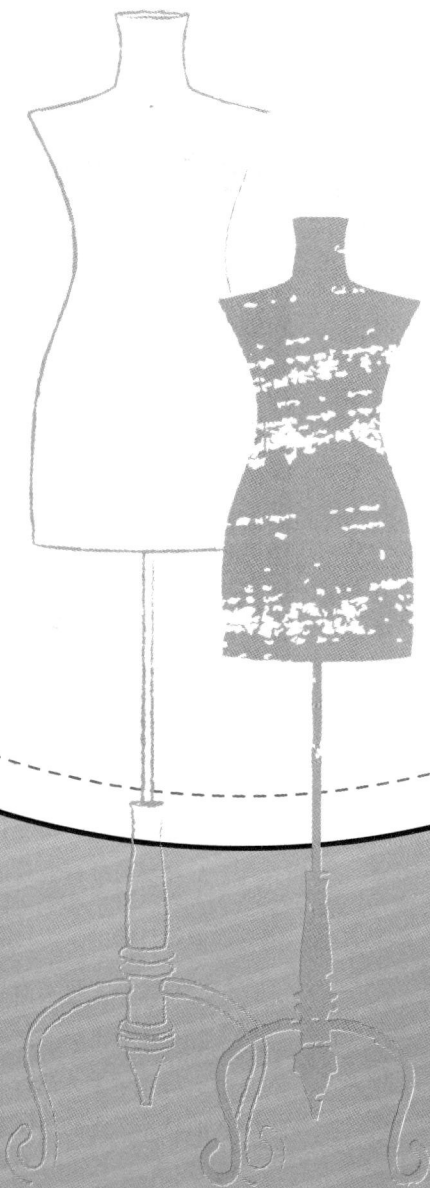

项目一
服装市场营销认知

项目导入

本项目是学生初涉市场营销、认识市场营销的过程。通过学习，了解市场、市场营销的概念，掌握营销观念的发展，正确认识市场营销观念，同时，在调研和分析过程中正确认识行业，了解行业动态，树立正确的职业观念。

学习目标

知识目标：

1. 了解市场、市场营销的基本含义。

2. 掌握市场营销观念。

3. 了解行业前沿动态。

能力目标：

1. 能够结合所学知识正确分析服装市场、消费者的着装场合，了解行业竞争。

2. 能够正确运用营销观念和专业知识，内化绿色营销观念。

3. 能够通过行业前沿动态分析，正确认识行业。

素养目标：

1. 培养学生提出问题、分析问题和解决问题的能力。

2. 培养学生树立绿色环保理念，并在以后的工作中践行环保理念。

3. 培养学生关注行业动态的意识，树立正确的职业观。

4. 培养学生的团队合作意识。

▶▶【案例引入】

把梳子卖给和尚

某企业招聘销售人员，考题是将梳子卖给和尚（图1-1），人们一听纷纷离去，觉得企业是为难应聘人员，最后只留下了甲、乙、丙、丁四个人。经过一天的奔波，甲空手而归，说是到了寺庙，和尚说没有头发，卖梳子给我们是侮辱，将其赶出。乙销售十多把梳子，他到寺庙与僧人讲梳子的功效除梳理头发外，还可以按摩头皮，活络血脉，有益头皮血液循环，且有益健康。丙销售了近百把梳子，他到离城市较远的寺庙中，找到住持，香客虔诚，烧香磕头，山风大，吹得头发凌乱，对佛祖不敬，在每个庙堂前放置梳子，供香客整理妆容，以示对佛祖的尊敬，寺庙留用近百把梳子。丁是一个颇有想法的销售人员，首先查阅当地寺庙情况，找到位于大山深处一个香火旺盛的神山古刹，找到德高望重的住持，对其说，但凡能来到神山古刹之人，都是有虔诚之心，一心向佛之人，为回馈对方对古刹的眷顾，可购买礼品进行回馈，我手上有一批梳子，住持字写得特别好，不如在梳子上写上积善梳，用以回馈捐赠香火的香客。住持一听，此法甚妙，订购1 000把梳子，积善梳效果颇好，有后续订单。

图 1-1　把梳子卖给和尚

案例思考：1.什么是市场？
　　　　　 2.如何开发市场？

——资料来源：互联网

任务一　服务市场营销认知

任务目标

1.通过选取不同服装品牌了解服装市场的构成。

2.通过对调研品牌的目标人群分析了解构成服装市场的消费者，分析消费者需求服装产品的时间、穿着场合等。

3.通过竞争品牌分析，培养竞争意识，避免恶意竞争。

任务描述

学生通过选取自己熟悉的调研品牌，进行资料查阅，结合课程知识，对品牌目标消费者进行分析，刻画人群特征，描述生活、工作场景，对服装穿着场所进行分析，并分析服装市场现存竞争，对服装消费者及服装市场有全面了解。

知识准备

【微课】
市场营销认知

【课件】
市场营销认知

一、市场的含义、功能和形成条件

市场是社会分工和商品经济发展的必然产物。市场最初是古时人类对于固定时段或地点进行交易的场所的称呼。市场可以让人们在此提供货物及买卖服务，方便人们寻找货物及接洽生意。

1. 市场的含义

市场（Market）的含义有狭义与广义之分。狭义上的市场是买卖双方进行商品交换的场所；广义上的市场是指为了买和卖某些商品而与其他厂商和个人相联系的买主与卖主的集合。市场营销者认为，卖方构成行业，买方构成市场。市场的基本关系是商品供求关系，基本的活动则是商品交换活动。

市场包含三个要素，即有某种需要的人、有满足这种需要的购买能力和购买欲望。市场是三个要素组成的有机整体。这三个要素之间是互相制约、缺一不可的，只有三者结合起来，才能构成市场。在分析和对比不同类型的市场时，必须全面考虑市场的三要素。

2. 市场的功能

市场作为商品交换和信息传递的枢纽，在现代社会生活中，拥有以下功能：

（1）交换功能。交换功能是市场的最基本功能。在商品交换的过程中，商品生产者出售商品，消费者购买商品，都是通过市场进行的，作为商品交换的场所和中介，市场促进和实现了商品交换功能。

（2）信息传递功能。市场将交换活动中产生的商品供给与需求信息传递、反映给买卖双方，商品出售者和购买者在市场上进行商品交换活动的同时，不断传递着有关生产、消费等方面的信息。通过市场的信息传递功能，可以预测市场需求的变动趋势。对于企业而言，可以通过市场信息的收集，掌握消费者的需求信息，提供适合消费者需求的产品。消费者也可以通过对市场信息的收集，掌握当前的流行趋势及商品信息，减少消费风险。

（3）对社会经济的调节功能。调节功能是市场最主要的具有核心意义的功能。市场作为商品经济的运行载体和现实表现，本质上是价值规律发生作用的实现形式。市场机制以价格调节、供求调节、竞争调节等方式，对社会生产、分配、交换、消费的全过程进行自动调节，实现市场商品的供求总量与供求结构的调节，社会消费水平、消费结构和消费方式的调节，以及各个市场主体之间的利益分配关系的调节。市场需求的变动，促使企业进行调整，保证了社会资源的有效配置，同时增强了企业对社会经济环境变化的适应能力。

（4）对企业的经营活动具有导向作用。企业的生产经营活动直接取决于市场的调节和导向。市场运用供求、价格等调节机制引导企业生产方向，企业也根据市场供求信息决定生产什么，生产多少。企业要遵照公平竞争的市场法则，积极参与竞争，实现优胜劣汰。通过市场竞争，促使企业进行技术创新、产品创新、服务创新，从而提高企业的社会效益。在营销活动中，同样要依照市场导向制定市场营销战略，选择市场营销组合，以使企业获得最佳的市场营销效果。

3. 市场的形成条件

市场的形成必须具备以下三个条件：

（1）存在可供交换的商品。市场的形成首要条件是卖方能够提供可供交换的商品，包括有形的产品和无形的服务。

（2）拥有市场三要素。市场的形成还必须有提供商品的卖方，同时又有具有购买欲望与购买能力的买方，正如前面所说，市场存在三要素，要有买卖双方、购买欲望和购买能力。

（3）满足交易条件。市场的形成必须满足双方交易条件，即具备买卖双方都能接受的交易价格、行为规范及其他条件，如场所、信息、储运、保管、信用、保险、资金渠道、服务等。

二、市场的分类

市场可以按照不同的方式和标准来划分。

（1）根据市场的覆盖范围，可以将市场划分为区域市场、国内市场和国际市场。其中，国内市场的划分通常包括东北市场、西北市场、华北市场、华东市场、华中市场、华南市场、西南市场等，也可将国内市场划分为城市市场和农村市场；国际市场通常划分为亚洲市场、欧洲市场、北美市场、南美市场、非洲市场、澳洲市场、拉丁美洲市场等。

（2）根据市场状况，可以将市场划分为买方市场和卖方市场。买方市场是指供给大于需求、商品价格有下降趋势，买方在交易上处于有利地位的市场趋势。在买方市场上，商品供给过剩，卖方之间竞相抛售，价格呈下降趋势，买方在交易上处于主动地位，有任意选择商品的主动权。买方市场意味着商品交换中买卖双方之间的平等关系。卖方市场是指供给小于需求、商品价格有上涨趋势，卖方在交易上处于有利地位的市场趋势。在卖方市场上，商品供给量少，由于供不应求而不能满足市场的需求，即使商品质次价高也能被销售出去，商品价格呈上涨趋势。对于大多数服装品牌而言，竞争的白热化导致产品的同质化现象增加，呈现出买方市场的特征。

（3）根据商品流通环节，可以将市场划分为批发市场和零售市场。随着商品数量的增加，商品品种的多样化，商品购销量逐渐增大，流通范围不断扩展，生产者和消费者之间常常难以进行直接的商品交换，或者他们之间直接进行买卖不如由中间商来作为媒介对他们更为有利，由此而产生了专门向生产者直接购进商品，然后再转卖给其他生产者或零售商的批发市场。零售市场是指直接将生产者的商品销售给消费者的商业组织。他们直接面对消费者，了解消费者的需求，组织货源，从生产企业或批发商手中采购货品销售给消费者。

（4）根据购买者，可以将市场划分为消费者市场和组织市场。消费者市场是为消费者服务的，是由那些为满足生活消费需要而购买商品的所有个人和家庭所组成的。企业的市场营销计划都是为消费者市场制订和实施的，最终实现商品的使用价值。消费者市场是其他市场存在的基础，是起决定作用的市场。组织市场是为了生产或转卖以获取利润，以及其他非生活消费的企业或社会团体。其中包括生产者市场、中间商市场、非营利组织市场及政府、机构市场。

三、市场营销的基本含义

市场营销来源于英文 Marketing，又称为市场学、市场行销，对其含义有着多种不同的解释和表述。美国市场营销协会（American Marketing Association，AMA）对市场营销在不同时期给予了一系列表述，被认为是营销领域内的权威。该协会在 1948 年首次发布了市场营销的含义，市场营销是引导货物和劳务从生产者流向顾客所进行的一切业务活动。1985 年，AMA 修订了对市场营销的含义，提出市场营销是计划和执行关于商品、服务与创意的观念、定价、促销及分销方案，以创造符合个人和组织目标的交换过程。2004 年，AMA 对市场营销的含义在此进行了修改，市场营销既是一种组织功能，也是为了组织自身及利益相关者的利益而创造、传播客户价值，管理客户关系的一系列过程。2007 年，AMA 再次对市场营销的含义进行了修改，市场营销是创造、传播、传递和交换对顾客、客户、合作伙伴乃至整个社会有价值的产品与服务的一系列活动及过程。从 AMA 不同时期对市场营销含义的修改不难看出，每次含义的修改，都吸收和容纳了营销学的新成果，使市场营销含义的外延和内涵更加丰富。

>>> 小链接

2022 Z 世代消费调研

为了解消费者年轻化、个性化、多样化消费趋势，《消费者报道》将通过对 Z 世代群体消费特征、消费需求及消费喜好的分析，全方位呈现我国消费市场的需求变迁，以及"我"经济消费潮流的崛起。

潮服、潮鞋、潮玩，不为悦人只为悦己。Z 世代群体更加注重体验、追求自我、热衷互动，追求着以"我"为中心的个性化定制服务。

以前，人们在消费的时候一直都是被动的。例如，人们梳妆打扮是为了取得他人的好印象、博得他人的关注；人们购买昂贵的奢侈品或豪车是为了彰显成功和尊贵。

如今，人们的消费习惯已逐渐从被动消费转变为主动消费，不再为了迎合他人的目光和感受，只是为了满足"我"的需要。例如，"我"穿漂亮的衣服、戴精美的首饰，只是为了美美地拍张照片发朋友圈；"我"吃一顿豪华大餐，不是在逢年过节，单纯为了满足自己的味蕾；"我"开车出行，纯粹是个性的代表和态度的体现。特别是以 Z 世代为主的当代年轻人，成长于物质丰裕的时代，更知道自己想要什么、想过怎样的生活，并为之付出行动与努力。

——资料来源：服装资讯网 CFW 时尚 https://news.cfw.cn/v350643-1.htm

任务实施

消费者着装场合调研

任务内容	调研记录
结合自己的生活经历和专业知识积累，选择熟悉的品牌作为调研目标进行品牌调研	
分析调研品牌的目标人群定位，对其人口变量进行描绘（性别、年龄、职业、收入等）	
分析目标人群的生活方式、工作性质、工作时间、工作内容、业余爱好、休闲娱乐方式	
分析目标人群在不同时间、场合的着装、搭配	
分析在这个细分市场上的竞争品牌	

任务二　服装市场营销观念实践

任务目标

1. 掌握营销观念的发展。
2. 正确认识市场营销观念。
3. 提供服装的二次设计，切身体会绿色营销观念。
4. 培养节约意识，注重环保。

任务描述

学生通过收集废旧衣物，利用专业知识对衣物进行二次设计，亲身实践绿色营销观念，正确认识服装污染，在未来工作中树立正确的营销观念，注重环保。

知识准备

【微课】
市场营销观念实践

【课件】
市场营销观念实践

市场营销（Marketing Orientation）观念最早产生于美国，是企业进行经营活动的指导思想，是企业进行市场营销活动时的指导思想和行为准则的总和。企业在进行市场营销活动过程中，如何处理顾客和社会利益，是企业、社会和顾客三方之间利益所坚持的态度与观念。

企业的市场营销观念经历了生产观念、产品观念、推销观念到市场营销观念的发展与演变过程。真正的营销观念是市场营销观念，这是市场营销观念演变进程中的一次重大飞跃。

一、生产观念

生产观念（Production Concept）在 19 世纪末比较盛行，企业认为消费者喜欢购买价格低的产品，企业应该致力于满足消费者对产品数量的需求，不需要考虑产品的特性。这种观念的产生是由于当时的商品经济不发达，市场力水平低下，消费品的供给不能满足消费者的需求，市场产品供不应求，是典型的卖方市场。商品生产出来不愁销路，经营者担心的问题是如何生产更多数量的商品，而不是如何销售商品，企业也是通过大量生产来获取利润，不需要进行市场调研和市场研究。这个时期的营销观念内容可以概括为"企业生产什么，市场销售什么，消费者购买什么"。

二、产品观念

产品观念（Product Concept）强调的是产品质量，认为消费者喜欢质量高、功能多和具有设计特点且有创新的产品。在持产品观念的企业里，企业往往会忽略消费者的需求和市场的变化，企业的核心竞争力体现在生产质量优异、特色突出的产品上面。

这一时期的市场上存在质量不同的产品供消费者选择，消费者在购买产品时往往会从质量和价格两个方面进行衡量与比较，形成不同层次的市场等级。对于只关注产品质量而忽视市场需求变化的企业来说，会导致企业的产品逐渐偏离市场，最终使企业处于困难境地。产品观念的主要观点是企业强调"以质取胜"。

三、推销观念

推销观念（Selling Concept）认为，如果不经过努力销售，企业的经营会出现困难，企业为避免出现这样问题，应采用大规模的促销和推销活动，刺激消费者的购买欲望，否则，消费者就不会大量和足量地购买产品。推销观念的产生是由于市场需求趋于饱和，市场需求出现供大于求，企业将经营重点转向销售。企业设立专门的销售机构，大力开展各种促销活动，根据消费者的需求制订符合其需求的促销方案，并及时调整，适时分析。

推销观念的企业重点策略是如何刺激消费者的购买欲望和加大购买数量，其大多数通过培训销售人员，加强广告宣传，增强销售网络，增加促销活动。推销观念的主要观点为"企业卖什么，就设法要消费者购买什么"。

四、市场营销观念

市场营销观念（Marketing Concept）是以消费者的需要和欲望为中心的营销观念。这种观念的产生，是市场营销哲学的一种质的飞跃和革命，它改变了传统的旧观念的逻辑思维方式。市场营销观念认为，企业应该坚持顾客至上的原则，应该正确分析目标消费者的需求和欲望，并应该比竞争对手更准确、更有效地满足目标消费者的需求。

市场营销观念的企业十分重视市场调查研究，不断发现消费者尚未得到满足的市场需求，并且集中企业的资源，先于竞争对手满足这种需要，通过快速建立顾客信任度来实现获得长久的利润。市场营销观念总结为"消费者需要什么，企业生产什么，市场销售什么"。

五、社会营销观念

社会营销观念（Societal Marketing Concept）起源于 20 世纪 70 年代，随着市场经济的快速发展，资源的快速消耗，出现了环境破坏、资源短缺、人口爆炸、通货膨胀和忽视社会服务等问题，这就要求企业在赢得利益的同时应顾及消费者整体利益与长远利益。

社会营销观念认为，企业应以实现消费者满意及消费者和社会公众的长期利益作为企业的根本目的与责任。企业的决策应同时兼顾：消费者的需求与愿望的满足，消费者和社会的长远利益，企业的营销效益。

六、生态营销观念

生态营销观念（Ecological Marketing Concept）是在市场经济条件下形成的一种全新的营销理念，是对市场营销观念的进一步发展和完善。生态营销观念强调把企业内部的资源与外部社会环境和自然环境相协调与配合。企业在进行营销管理时，不但要考虑消费者的需要和实现公司的目标，更要考虑社会发展的长期利益。企业的广告、价格策略、分销活动、售后服务等都要兼顾社会利益。企业要经常监测市场环境，对企业的各项策略进行及时调整以适应市场环境和需求的变化。

生态营销观念认为，企业应该注重包括自然环境保护的自然生态营销观，以及注重社会环境自身与自然环境之间和谐发展的社会生态营销观。根据这种观念，企业在经营过程中，不要盲目发展自己的弱项，要集中优势资源，发挥自己的优势和特长。注重经济与生态的协同发展，并注重可再生资源的开发利用，减少资源浪费，防止环境污染。生态环境的保护是在传统的社会营销观念（即强调消费者利益、企业利益与社会利益三者有机结合）的基础上，进一步强调生态环境利益，将生态环境利益的保证看作是前三者利益得以持久保证的关键所在。

七、绿色营销观念

绿色营销（Green Marketing）是指企业在生产经营过程中以保护环境作为其经营哲学思想，以绿色文化作为其价值观念，以可持续发展作为企业遵循的原则，以消费者的绿色消费为企业出发点，力求满足消费者绿色消费需求的营销策略。

绿色营销观念代表一种全新的社会营销观念，也是一个整体的营销系统，以整个社会的可持续发展为导向，更注重企业的社会责任和社会道德。

>>> 小链接

"快时尚"背后的环境代价

"快时尚"把衣服从展现身份品位的物品，变成了大众追求，让人对衣服产生了永无止境的购买欲。"快时尚"只为你的买单提供一个理由，但从不会告诉你这些衣服的背后，会产生多少环境污染与资源浪费，又会给多少人带来多大的伤害。

我们身上的衣服，其实是地球第二大污染源（图1-2）。

在追求利益的道路上，"快时尚"的成本可以忽略不计，然而背后的环境污染却让人触目惊心。时尚行业是全球第二大用水者，同时每年产生了全球20%的废水。时装业每年要消耗1.5万亿升的水，要将1吨纤维布料进行染色需要用到200吨干净的水，但在世界上大约有7.5亿人口还没有干净的水可以饮用。生产一件棉衬衫大约需要2 600升水，如果一个人每天喝8杯水，可以持续喝三年半；而生产一条牛仔裤大约需要7 500升水，相当于一个人10年的喝水量。时尚行业除耗费及浪费大量的水资源外，更是产生了全球10%的碳排放量，甚至超过了所有国际航班和海运的排放量总和。"快时尚"下的浪费变得越来越快，全球每年制造出1 000亿件服饰，其中3/5在一年内被丢弃（人均穿7次后被丢弃）。据中国循环经济协会的数据显示，我国每年有超2 600万吨旧衣服被扔掉。其中绝大多数被扔进了垃圾桶，来到垃圾场进行填埋或焚烧处理，而垃圾焚烧会产生二噁英，这是一种无色无味的带有毒性的持久性污染物，不易降解的同时还会导致皮肤疾病等严重危害身体。你是否想过：当我们通过时尚穿搭变得更加美丽的同时，其实也正在助长全球第二大污染产业。

图1-2　旧衣服变成垃圾

那么，我们是否能做一些力所能及的事，争取让这个世界变得更美好呢?

（1）改变消费习惯：做到"买得少、买得好、多利用"。

（2）正确保养衣物：学习一些衣服保养的小知识，保养得越好，就会越耐用，版型也会更稳固。

（3）试着修补衣物：尽可能保留原物是环保的重要一环。

（4）回收、再利用：通过回收让它们进入环保再生渠道。

真正的时尚或许并不是去展现潮流，更重要的是一种简约的生活理念，一种环保新时尚的生活态度。

——资料来源：新浪看点 http://k.sina.com.cn/article_5591243922_14d439c9200103qjoa.html

任务实施

服装二次设计

任务内容	成果展示
组建团队：学生自愿组建团队成员 3～5 人，成员分工明确 　任务要求：每个团队收集最少 6 件不穿的旧衣服，进行二次改造，且重新搭配、展演，说明整个改造过程、理念等（附图改造前、改造后）	1. 明确团队岗位及职责分析 二次设计师： 工艺师： 模特： 2. 撰写二次设计文案 3. 以 PPT 形式进行汇报和展示

任务三　收集服装行业智能化、市场营销创新型案例

任务目标

1. 掌握行业动态，对整个服装行业新发展有较好的了解。

2. 加深对未来行业的了解和期许，为将来的工作奠定基础。

3. 增强行业信心，增加对专业的热爱。

　　学生可以选择收集服装行业智能化发展现状及未来发展趋势，或者收集并分析市场营销创新型案例。通过收集和分析案例，能够让学生对自己将来工作的行业和环境有充分的认知。随着纺织服装行业的智能化程度的增加，工作环境的变化，能增强学生对行业的自信，对未来工作有憧憬，同时，团队合作可以更好加深彼此之间的默契，为未来团队工作增加信心。

知识准备

　　经济的发展、科技的进步，不断地改变着人们的生活方式，对各行各业都产生极大的影响。科技创新对服装设计生产的变革提供了可能，带来了革新。

【课件】收集服装行业智能化、市场营销创新型案例

一、服装设计逐渐走向智能化

　　服装 CAD（Computer Aided Design）技术是计算机科学和技术在服装行业的应用。服装设计软件上的服装设计在智能化的方向上又前进了一步。传统的手工绘画设计逐渐转化成计算机绘画，二维款式设计软件取代手绘，3D 服装设计软件将设计、试衣、服装设计走秀在虚拟世界完美展示。在 3D 服装设计软件中，可以实时查看虚拟样衣设计的过程，也可以看到款式设计、服装廓形及面料和设计产品的最终效果，如图 1-3 所示。顾客和设计师之间可以进行沟通，设计师可以根据顾客的需求不断进行修改。设计产品直接以虚拟样衣的形式出现，设计师和顾客之间可以随时就面料、色彩、材质进行个性化调整，节约经济成本，提高顾客满意度。

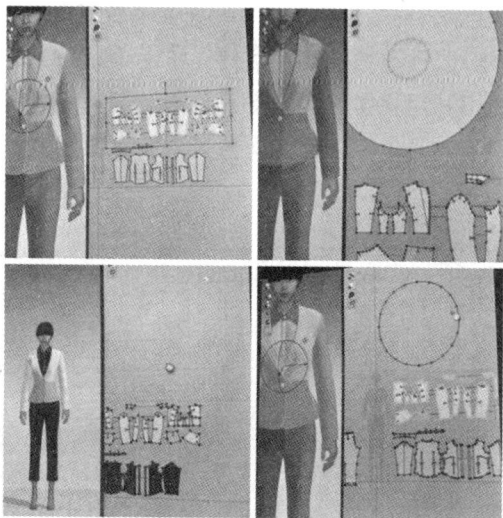

图 1-3　3D 设计图

二、数字化引领未来服装生产工艺

服装 CAM（Computer Aided Manufacture）技术，即服装计算机服装制作技术，是将计算机辅助制造技术应用于服装生产工艺过程中，包括全自动裁床、全自动拉布、验布机、预缩机、铺布台、吊挂生产流水线等。服装 CAM 技术的应用给服装企业的生产工艺、服装裁剪制作质量、内部管理等带来巨大变化，提高了企业总体效率。服装科技设备的深入研究、开发，使得越来越多的高效率、自动化的设备代替传统服装设备，特种设备的应用改变了传统的缝纫车间，提升了整个生产车间的生产效率，印花、绣花等特种设备的产生使个性化设计在市场工艺上具有可行性。

三、信息技术覆盖服装市场全过程

服装 CIMS（Computer Integrated Manufacturing System）系统，即计算机集成制造系统，是指在计算机技术的支持下，将服装从订单开始，涵盖设计、生产、检测、管理及贸易各个环节。服装 CIMS 系统的应用能够将服装企业各个环节的工作量降到最低，充分发挥企业综合优势，提高服装企业应对行业变化的快速反应能力，进而提高企业在市场的竞争能力。

四、服装新材料不断涌现

随着物质生活水平的提高，消费者对服装的功能性、舒适性要求越来越高，科技的进步使得材料的改性、新材料的研发成为可能。

（1）新型天然纤维。新型天然纤维包括天然彩色棉（图 1-4）、有机棉等。其中，天然彩色棉具有天然色素，不需要化学试剂进行染色加工。因此，天然彩色棉无污染，是绿色环保产品，健康安全，同时降低生产成本，深受消费者喜爱。

（2）改性动物纤维。改性动物纤维包括丝光羊毛（图 1-5）、防缩羊毛、拉细羊毛等。其中，丝光羊毛是指利用化学方法剥除部分或全部羊毛的鳞片，同时后处理羊毛表面，获得丝光的效果。丝光羊毛表面如丝般光滑、手感滑爽，成品服装可达到机洗标准。

图 1-4　天然彩色棉　　　　　　　　　　　图 1-5　丝光头毛

（3）再生纤维素纤维。再生纤维素纤维包括 Lyocell 纤维、Modal 纤维（高湿模量）、Richcel 纤维（综合性能）、竹纤维、大豆蛋白纤维、玉米纤维、牛奶蛋白纤维等。其中，大豆蛋白纤维是以大豆废粕为原料，利用新技术，将豆粕中的蛋白质分离，经过处理，改变蛋白质空间结构，制成大豆蛋白质纺丝原液，生产出大豆蛋白纤维。大豆蛋白纤维具有很好的吸湿透气性，织物光滑，广泛应用于内衣行业。

（4）差别化纤维。差别化纤维是指在原来纤维的基础上利用物理方法或化学方法进行处理，使纤维在性能上获得改善。其包括异形纤维、超细纤维、高吸湿性纤维、阻燃纤维和抗静电纤维等。异形纤维是指非圆形截面形态的纤维。异形纤维截面（图 1-6）的最大特征是独特的光学效果。同时，其蓬松性好、织物手感好、吸湿透气性好。

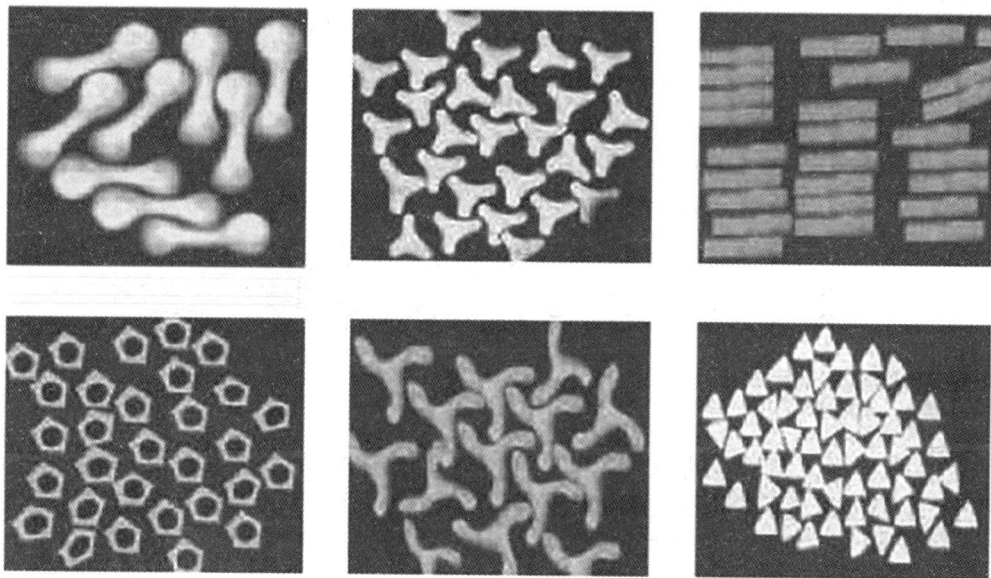

图 1-6 异形纤维截面

五、多渠道营销模式创新

随着计算机技术、网络技术的发展，电子商务成为营销渠道异军突起的一支重要力量。电商、直播、私域流量、IP 等网络营销平台成为服装企业销售的主要手段。

"95 后""00 后"消费能力快速增长，已经成为消费的主力军和引领者，被称为 Z 世代，即消费的新用户群体。Z 世代对网络技术的熟练应用，使得网络购物逐渐增大比例，实体店的展厅功能被放大。

>>> **小链接**

功能性服饰品牌正在崛起！

随着生活水平的提高、人们运动场景的多元化，功能性服饰品牌也会继续乘风而起。

近年来，小众运动开始在年轻一代群体走红。从室内的瑜伽、健身操，到室外的飞盘、骑行，人们的运动场景越来越丰富多样。同时，城市与户外的边界变得模糊，"一衣多穿"的户外服饰打通了运动与通勤的边界。多种客观因素的叠加催生了功能性服饰需求的增加：人们希望购买功能性服饰和舒适的服饰，具有吸湿排汗、温控、除异味、耐磨、防泼水等功能的服装更易吸引消费者。

据Research and Markets的报告，2020年全球功能性服装市场规模约为2 658亿美元，预计从2020—2026年的年均复合增长率为5.7%，2026年全球功能性服装市场规模为3 725亿美元。

瑜伽服装品牌Lululemon业绩高歌猛进，依靠着中产阶级的喜爱，Lululemon已经超越Adidas，成为全球运动服饰的市值第二，仅次于Nike。Lululemon 2022年第三季度业绩报告显示，其净营收达19亿美元，与2021年同期相比增长28%。利润升至2.555亿美元。第三季度新开23家门店，至第三季度末在全球拥有623家门店。另外，我国已成为除美国外，Lululemon门店数量最多的国家。

——资料来源：CFW服装人才网 https://news.cfw.cn/v350746-1.htm

任务实施

收集服装行业智能化、市场营销创新型案例

环节	任务要求	注意事项
认识行业，了解行业动态	请学生收集服装行业智能化、市场营销创新型案例，确定主题，制作PPT，讲解案例	在汇报过程中注意各组发现的问题，并提出解决问题方案，结合实际，正确认识服装行业未来发展趋势，引导学生热爱行业与专业
小组评价	各小组对其他小组调研情况进行点评	
教师点评	指导教师对各组情况进行点评，汇总各组成果，引导学生得出结论	

────────── 考 / 核 / 评 / 价 ──────────

教师评价表（教师评价占学生成绩的 70%）

考核项目：		班级：	
团队名称：		成员：	
考核任务	**考核内容**	**得分**	**总分**
消费者着装场合调研 （20分）	主题明确、调研目的清晰、人员分工明确、有应急处理方案、各阶段任务明确		
服装二次设计 （60分）	服装二次设计有创意、做工精良、主题有创意、模特表现符合主题		
行业智能化、 营销创新型案例收集（20分）	案例选取有代表性，分析合理、有自己的观点		

小组成员互评表（小组成员互评占学生成绩的 30%）

考核项目：		班级：	
考核成员：		被考核成员：	
考核任务	**考核内容**	**分值**	**总分**
承担任务完成情况 （40分）	能够较好地完成团队分配任务，内容完善，有始有终，及时完整		
团队合作能力 （20分）	较好的合作配合、组织领导能力		
处理突发问题能力 （20分）	能够解决处理突发问题，及时沟通		
个人能力 （20分）	对问题有想法，有前瞻性，能够提出建设性建议		

项目二
服装基础知识

项目导入

本项目通过了解服装基础知识，理解服装材料对于服装的意义，能够在销售环节灵活运用面料知识引导消费者。同时，结合对服装的结构、设计及工艺专业知识的理解，提炼卖点，促进销售。

学习目标

知识目标：

1.掌握服装材料相关知识及其应用。

2.掌握服装的结构、设计及工艺卖点。

能力目标：

1.能够理解服装材料对于服装的意义，在销售环节灵活应用面料知识。

2.能够掌握服装的结构、设计及工艺特点，并能应用提炼卖点。

素养目标：

1.培养学生敏锐的市场观察力，及时了解行业最新科技。

2.培养学生对流行时尚的欣赏能力，提高学生的语言表达能力。

▶【案例引入】

运动科技面料

体育与科技领域朝着更大的可持续性和低环境影响的方向发展，组合物正在微妙地多样化，以更好地实现目标用途。在响应资料来源和产品报废方面的规范日益严格。植物纤维、生物基合成材料和纤维素纤维混合织物的增加满足了人们对运动中更多天然材料的渴望。对弹性的需求正在推动原生弹性纤维的替代品。

（1）自然纤维融入：天然纤维和化学品正在深刻地重新定义技术和高性能面料的形象。

1）材质亮点：采用有机棉或再生棉及亚麻、汉麻与合成纤维从而降低对石油基合成材料的依赖。

2）工艺亮点：染整助剂及功能膜采用从大豆、玉米等农业废弃物中提取的成分。

3）性能特点：保持合成纤维的使用性能。

4）适用品类：冲锋衣、夹克。

（2）数码光泽：受元宇宙时尚趋势的影响，具有半透明质感及数码电子光感的织物受到青睐。

1）材质亮点：虹彩及具有反射性能的聚酯涂层与糖果色调的发光材质结合。

2）工艺亮点：表面皱感整理结合复合膜材。

3）性能特点：轻防水与电子模拟光感结合。

4）适用品类：夹克、休闲运动套装。

（3）生物降解：从原材料到染色和整理，生物来源的合成纤维、纱线和膜中的可生物降解树脂对提高生物降解性的追求无处不在，旨在取代生产各个阶段的传统纤维和化学品。

1）材质亮点：生物可降解的尼龙和涤纶（图2-1）。

2）工艺亮点：生物可降解合成纤维与天然纤维交织。

3）性能特点：100%生物可降解、防水、防风等。

4）适用品类：冲锋衣、夹克、皮肤衣、骑行服。

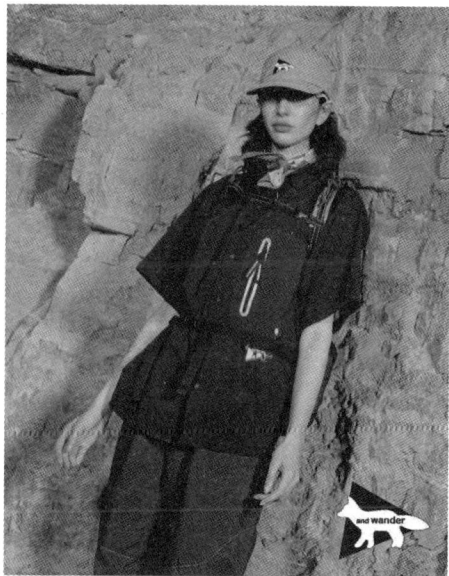

图2-1　生物可降解的面料服装

案例思考： 1.你对服装面料知识了解多少？常用面料的特性有哪些？

2.面料和品牌之间有哪些关联？

——资料来源：POP服装趋势 https://www.pop-fashion.com/

任务一　服装商品知识认知

任务目标

1. 了解服装的概念、功能和分类。
2. 掌握服装面料及其应用。
3. 培养敏锐的市场观察力，及时了解行业最新科技。

任务描述

　　团队成员对目标品牌面料、号型分布进行分析，结合市场调研、虚拟品牌特点，为虚拟品牌进行面料、号型策划。

知识准备

【视频】
服装商品知识认知

【课件】
服装商品知识认知

一、服装的概念

　　（1）**衣裳**。《毛传》："上曰衣，下曰裳。"古人最早下身穿的是一种类似裙子一样的"裳"。后也泛指衣服。

　　（2）**衣服**。衣服今泛指身上穿的各种衣裳服装。

　　（3）**服饰**。服饰是装饰人体的物品总称，包括服装、鞋、帽、袜子、手套、围巾、领带、配饰、包等。

　　（4）**服装**。服装是衣服鞋包及装饰品等的总称。

（5）**时装**。时装通常与时尚、流行等并行提出，是指款式新颖而富有时代感的服装，时间性强，每隔一定时期流行一种款式。采用新的面料、辅料和工艺，对织物的结构、质地、色彩、花型等要求也较高，讲究装饰、配套。在款式、造型、色彩、纹样、缀饰等方面不断变化创新、标新立异。

（6）**成衣**。成衣是指按一定规格、号型标准批量生产的服装成品，是相对于量体裁衣式定做和自制衣服而出现的一个概念。成衣作为工业产品，应符合批量生产的经济原则，生产机械化、产品规模系列化、质量标准化、包装统一化，并附有品牌、面料成分、号型、洗涤保养说明等标识。

（7）**高级成衣**。高级成衣译自法语 Pret-a-porter，是指在一定程度上保留或继承了高级定制服（Haute Couture）的某些技术，以中产阶级为对象的小批量多品种的高档成衣。

（8）**高级时装**。高级时装是法国优秀的传统服饰文化，诞生于 19 世纪中叶。高级时装也称高级订制装，源于欧洲古代及近代宫廷贵妇的礼服。高级时装业是一个独立的世界，有着自己的一套规则和不同的表达方法。

二、服装的功能

随着人们对服装的不同需求和认知，服装的功能也在不断发生变化。

（1）保护功能。为了适应气候的冷暖变化，保护身体不受外界的伤害，人类开始穿用服装。最初的衣服多用兽皮，而裹身的最早"织物"是用麻和草等纤维制成。服装发展到现在，其功能性越来越广泛，如防辐射、防尘、防电、防弹等。

（2）遮羞功能。随着人类文明的演化，服装已不再局限于最初的保护功能，遮羞功能逐渐强化。

（3）标志功能。在原始社会以服饰来标识社会地位就已经存在，在现代的社会中，服饰的社会功能仍然存在，并以不同形式表现。通过服装就可以区分出身份、地位、角色、兴趣等隐性特征，如制服、职业服等。

（4）审美功能。随着人类社会的进步和发展，人们对于服装已不再满足于实用，对于审美的追求在不断发生变化，各种思潮、文化、艺术形式都会使服装具有更强的时代特征。

三、服装的分类

服装在发展过程中，根据年龄、性别、用途、季节、面料、风格、基本形态、穿着顺序、特殊功能等不同角度形成了各自不同的种类。

（1）根据年龄分类。根据年龄，服装一般可分为婴幼儿服装、儿童服装、少年服装、青年服装、中年服装、老年服装。

（2）根据性别分类。根据性别，服装可分为男装和女装。

（3）根据用途分类。根据用途，服装可分为礼仪服装、日常生活服装、运动服装、工作服装、舞台表演服装。

（4）根据季节分类。根据季节，服装可分为春装、夏装、秋装、冬装。

（5）根据面料分类。根据面料，服装可分为针织服装、化纤服装、棉质服装、丝绸服装、麻制服装、皮革服装、纯毛服装等。

（6）根据风格分类。根据风格，服装可分为淑女服装、简约风格服装、韩版风格服装、波西米亚风格服装、民族风格服装、通勤风格服装、嘻哈风格服装、巴洛克风格服装、洛可可风格服装等。

（7）根据服装基本形态分类。根据服装基本形态，服装可分为体型、样式型和混合型。

（8）根据穿着顺序分类。根据穿着顺序，服装可分为内衣和外衣。

（9）根据特殊功能分类。根据特殊功能，服装可分为消防服、潜水服、飞行服、登山服、宇航服等。

四、服装材料

服装材料一般可分为面料和辅料。

1. 面料

面料作为服装的三大要素之一，对色彩、造型的表现效果起到重要的作用。它不仅可以诠释服装的整体风格和特性，而且在细节表现中是设计师经常使用的重点开发和设计的要素。

（1）棉布。棉布是各类棉纺织品的总称。它多用来制作时装、休闲装、内衣和衬衫。其优点是轻松保暖，柔和贴身，吸湿性、透气性甚佳；缺点是易缩、易皱，外观上不大挺括美观，在穿着时必须时常熨烫。

（2）麻布。麻布是以大麻、亚麻、苎麻、黄麻、剑麻、蕉麻等各种麻类植物纤维制成的一种布料。一般被用来制作休闲装、工作装，也多以其制作普通的夏装。其优点是强度极高，吸湿、导热、透气性甚佳；缺点是穿着不舒适，外观较粗糙、生硬。

（3）丝绸。丝绸是以蚕丝为原料纺织而成的各种丝织物的统称。与棉布一样，它的品种有很多，个性各异。它可被用来制作各种服装，尤其适合用来制作女士服装。其优点是轻薄、合身、柔软、滑爽、透气、色彩绚丽、富有光泽、高贵典雅、穿着舒适；缺点是易生折皱、容易吸身、不够结实、褪色较快。

（4）尼绒。尼绒又称毛料，是对用各类羊毛、羊绒织成的织物的泛称。它通常适用于制作礼服、西装、大衣等正规、高档的服装。其优点是防皱耐磨、手感柔软、高雅挺括、富有弹性、保暖性强；缺点主要是洗涤较为困难，不适合制作夏装。

（5）皮革。皮革是经过鞣制而成的动物毛皮面料。它多用于制作时装、冬装。其可分为两类：一是革皮，即经过去毛处理的皮革；二是裘，即处理过的连皮带毛的皮革。其优点是轻盈保暖，雍容华贵；缺点是价格高，储藏、护理方面要求较高，故不宜普及。

（6）化纤。化纤是化学纤维的简称，是利用高分子化合物为原料制作而成的纤维纺织品。它通常可分为人工纤维与合成纤维两大类。它们共同的优点是色彩鲜艳、质地柔软、悬垂挺括、滑爽舒适；缺点是耐磨性、耐热性、吸湿性、透气性较差，遇热容易变形，并容易产生静电。

（7）混纺。混纺是将天然纤维与化学纤维按照一定的比例，混合纺织而成的织物，可用来制作各种服装。其优点是既吸收了棉、麻、丝、毛和化纤各自的优点，又尽可能地避免了它们各自的缺点，而且在价值上相对较低，所以大受欢迎。

2. 辅料

辅料是指除面料外运用于服装上的一切材料。服装辅料主要包括里料、衬料、垫料、填料、缝纫线、系和材料与其他材料等。

（1）里料：包括棉纤维里料、丝织物里料、粘胶纤维里料、醋酯长丝里料、合成纤维长丝里料。

（2）衬料：包括棉布衬、麻衬、毛鬃衬、马尾衬、树脂衬、粘合衬。

（3）垫料：包括胸垫、领垫、肩垫、臀垫。

（4）填料：包括絮类填料、材料填料。

（5）缝纫线：包括棉缝纫线、真丝缝纫线、涤纶缝纫线、涤棉混纺缝纫线、绣花线、金银线、特种缝纫线。

（6）系和材料：包括纽扣、拉链、其他扣紧材料。

（7）其他材料：包括带类材料、装饰用材料、标示材料、包装材料。

》》》 小链接

立体装饰——女装T台综合分析

23/24秋冬女装T台秀场立体装饰面料对比22/23秋冬秀场使用占比上升趋势明显，重工的立体装饰面料成为本季的趋势面料，如图2-2所示。纵观本季秀场可分析出立体装饰面料的七大重点风格，即多彩钉珠、立体花卉、缤纷组合、量感流苏、艺术烫钻、硬朗五金和个性珠片。其中，个性珠片是立体装饰面料最重要的风格，以绝对优势占比38%。面料的装饰图案以花卉和几何为主，以多种材料为特点演绎或温柔或酷飒的多重风格。本季立体装饰面料主要被使用在裙装和外套品类中，在套装和棉服、羽绒服中的运用值得关注。本报告数据及素材主要来源于米兰、巴黎、伦敦和纽约四大时装周，聚焦于四大时装周上立体装饰面料的新趋势。

工艺：立体花较上季有明显的上升趋势，且通过不同的材质和工艺演绎；流苏本季增幅明显，较上季更加追求量感磊层的效果。
图案：以繁复的花卉为主，几何呈现上升趋势。

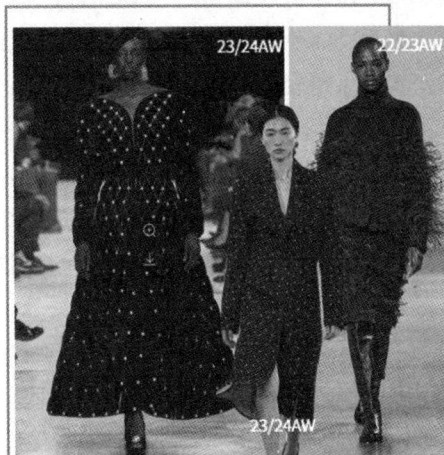

材料：羽毛元素依然流行，但具有显著的下降趋势；珍珠和金属装饰占比上升；珠片中异形珠片占比增幅明显；烫钻装饰中光泽平底水钻受到欢迎；底布同色系钻是本季的烫钻装饰趋势。

图 2-2　23/24 与 22/23 秋冬女装对比

商品知识分析及策划

目标品牌分析	虚拟品牌策划	任务要求
分析目标品牌面料特点 分析目标品牌的产品号型特点	结合市场调研，策划虚拟品牌的面料 结合虚拟品牌目标人群特点，进行虚拟品牌号型策划	团队成员对目标品牌面料、号型分布进行分析，结合市场调研、虚拟品牌特点，为虚拟品牌进行面料、号型策划。以 PPT 形式完成

任务二　寻找服装卖点

任务目标

1. 了解和分析服装结构。
2. 了解和分析服装工艺特点。
3. 培养对流行时尚的欣赏能力，提高语言表达能力。

任务描述

团队成员自己选取服装，对服装设计及工艺进行分析，寻找卖点，进行讲解。

知识准备

【微课】
寻找服装卖点

【课件】
寻找服装卖点

在服装销售中，销售人员具备扎实的服装知识和专业素养，能更好地建立客户的信任和有效的沟通，并能将一定的服装知识传递给客户，提高审美和服装穿着体验感。

一、服装结构

服装结构是指服装各部位的组合关系，包括服装的整体与局部的组合关系，服装各部位外部轮廓线之间的组合关系，服装各部位内部的结构线及各层服装材料之间的组合关系。

服装结构不仅会影响服装的美观和舒适程度，还会对服装加工和制作产生重要的影响。其主要包括衣领、袖子、门襟、腰节、省道、口袋、过肩、分割线等多个部位的设计，都对服装造型影响很大。

（1）衣领。衣领是围绕人体颈部的结构设计，在结构上有多种表现形式。

1）按领片的有无可分为无领式、有领式。

2）按领的高度可分为高领、中领、低领。

3）按领线可分为方领、尖领、圆领、不规则领。

4）按领的穿着状态可分为开门领、关门领。

5）按领的结构可分为连身领、装领。

6）按领的造型可分为立领、无领、翻领、驳领、异形领等。

（2）袖子。袖子是服装套在胳膊上的筒状部分，根据人体的肩部和胳膊形状设计。其结构形式也多种多样，一直是服装款式变化的重点。

1）按袖子的有无可分为有袖、无袖等。

2）按袖子的长短可分为长袖、短袖、半袖、中长袖、七分袖等。

3）按装袖的形式可分为绱袖、插肩袖、连袖、落肩袖、包肩袖、耸肩袖等。

4）按袖子的片数可分为一片袖、二片袖、三片袖、多片袖等。

5）按袖子的造型可分为泡泡袖、喇叭袖、灯笼袖、羊腿袖等。

（3）门襟。服装的门襟是穿脱的开口之处，通常设置在前中、后中、肩缝等处，便于穿脱，通常也有一定的设计元素。

1）按门襟的宽度可分为单排扣、双排扣。

2）按构成形式可分为对称门襟、偏襟。

3）按位置可分为前门襟、后门襟等。

（4）腰节。腰节通常是指人体的腰位关系，是女装设计的重要部分，可分为高腰位、正常腰位和低腰位。

（5）省道。省道是服装中缝合的部分，能让服装更贴合人体并具有美观性。褶裥也是省道的表现形式。

（6）口袋。口袋是缝在衣服上用来装东西的袋形部分，具有强大的实用功能，也是装饰手段之一，其表现形式多种多样，如图2-3所示。

1）按口袋的形状可分为方形、圆形。

2）按袋盖的有无可分为有袋盖、无袋盖。

3）按嵌线的形式可分为单嵌线、双嵌线。

4）按明线的有无可分为有装饰线口袋、无明线口袋等。

5）按装饰的设计可分为立体袋、风琴袋、拉链袋、复合袋等。

（7）过肩。过肩又称复势、育克，常用在男女上衣肩部上的双肩或单层布料。多用于衬衫、夹克、风衣等。

图2-3　口袋

（8）分割线。分割线是服装表面的断缝线，通常与省道结合，起到实用和装饰的作用。

1）横线分割：具有扩张性，适用于男性的前胸与脊背，给人坚实、挺拔的感觉。

2）斜线分割：给人以活力感，适用于运动装。

3）直线分割：具有顺畅性与修长感，适用于女性的身体曲线，令人赏心悦目。

4）弧线分割：多用于女装，强调圆润的造型，凸显精致的线条，增强设计美感。

另外，还有斜线分割、组合分割等。

二、服装工艺

服装工艺是将平面的部件、裁片等用工艺形式组合成立体服装的过程。其包括手针工艺、机缝工艺、归拔工艺及装饰性手段等，如对丝、打缆、烧花、压褶、打条、珠边、装饰线迹、洗水等装饰手段。

（1）对丝。对丝又称"蚂蚁洞"，中间剪开就称为"牙花"，如图2-4所示。

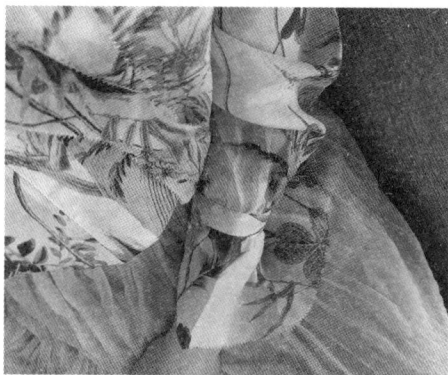

图 2-4　对丝

（2）打缆。打缆也称"拉橡筋"（图 2-5），可同时拉 20 多条，间距常有 0.5 厘米、0.6 厘米、0.8 厘米、1 厘米等，花型多样。

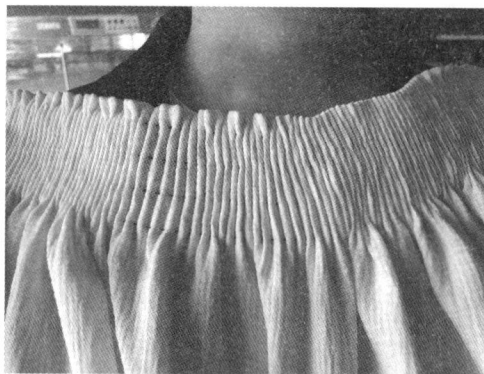

图 2-5　打缆

（3）烧花。烧花为激光烧花做出的镂空效果，如图 2-6 所示。

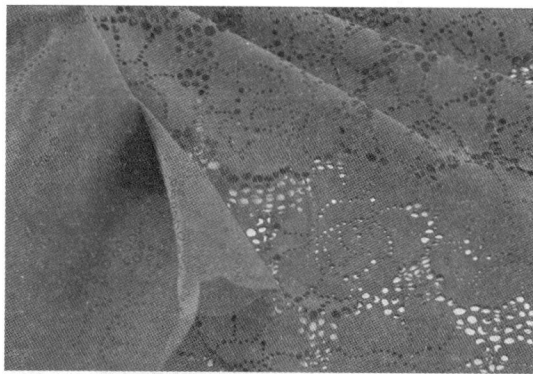

图 2-6　烧花

（4）压褶。压褶有排褶、牙签褶、太阳褶、工字褶、波浪褶等，如图 2-7 所示。

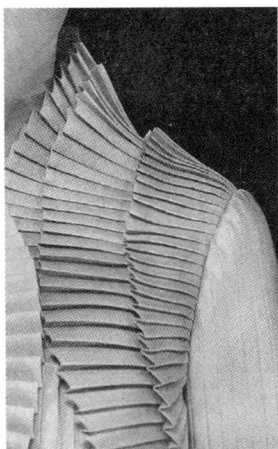

图 2-7 压褶

（5）打条。打条也称车条、抽条、车塔克线、打褶、打折、切线等，不是通过高温定型，而是用特种机械一条条车出来，每一条都有明显的缝纫线固定，如图 2-8 所示。

图 2-8 打条

（6）珠边。珠边出现在驳头、翻领、袋盖、袖扣、肩线等有线缝的位置，如图 2-9 所示。

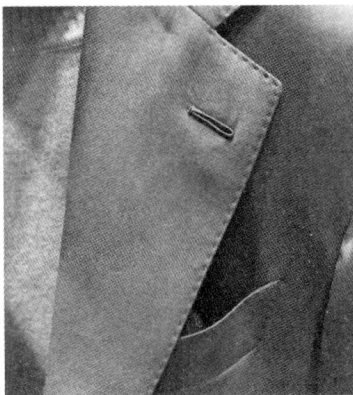

图 2-9 珠边

珠边还有宽、窄，单排、双排，实线之分。

窄珠边有精致感，常搭配精仿的面料和正式的款式；宽珠边有休闲感，常搭配较为休闲的西装款式和面料。

（7）装饰线迹。极具工艺感的装饰线迹，可以用在服装的多处做装饰，如图 2-10 所示。

图 2-10　装饰线迹

（8）洗水。洗水有普洗（加软）、酵洗、石洗、漂洗、炒雪花、染色、吊染、整理、喷马骝、猫须、压褶、手擦、破烂、手针等，如图 2-11 所示。

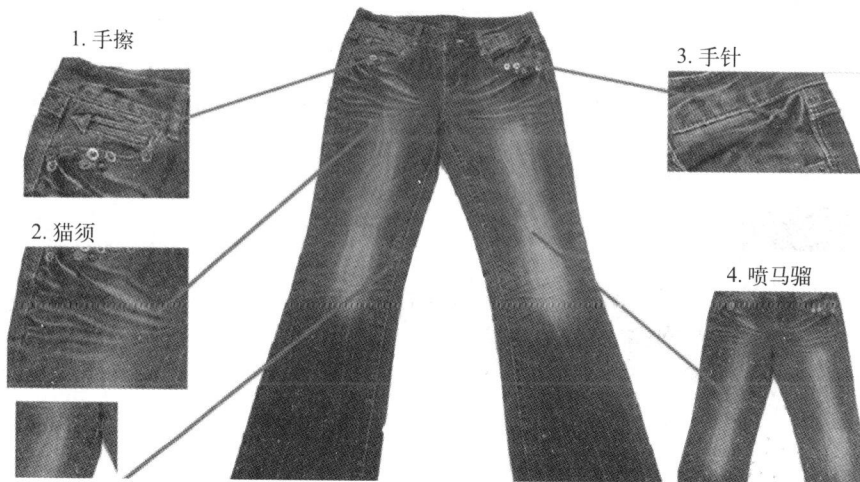

1. 手擦　　3. 手针　　2. 猫须　　4. 喷马骝

图 2-11　洗水

服装的工艺手段形式多样，还有刺绣、印染、磨花、粘贴、镶嵌等，这些既是我国传统技艺的传承，又赋予了现代的流行元素和创新，为丰富服装的表现形式，突出服装的特色，不断满足人们的个性化需求做出贡献，同时，也是服装销售、品牌推广中的卖点。现代化设备和技术手段的应用为服装市场提供了更多的选择，人们需要不断学习新技术、新材料、新工艺，才能更好地理解专业知识，提高专业素养，做好销售工作。

女童T恤细节工艺趋势

甜美领口：其设计亮点是领口的各色各样的装饰可以呈现多种风格，可以用其他类型的特色面料，如棉布或网纱抽褶出想要的形状，装饰在领口，也可以用同类型的面料制成特色形状的领子搭配T恤，集中亮点在领口上，如图2-12所示。

关键词：海军领、花边抽褶、棉布抽褶。

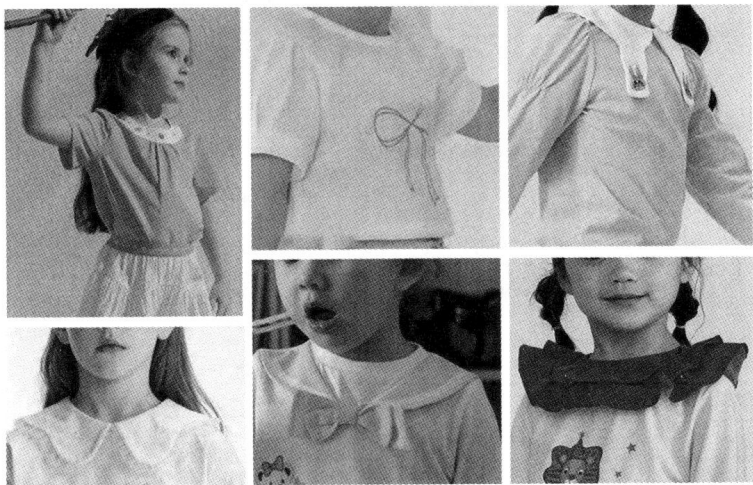

图 2-12　女童装领口

——资料来源：POP趋势服装 https://www.pop-fashion.com/details/report/t_report-id_15834-col_128/

服装结构及工艺分析

任务内容	成果展示
组建团队：学生自愿组建团队成员3～5人，成员分工明确 每个团队收集最少6件服装，对其结构、工艺、设计进行卖点总结分析（附图）	

考／核／评／价

教师评价表（教师评价占学生成绩的 70%）

考核项目：		班级：	
团队名称：		成员：	
考核任务	考核内容	得分	总分
商品知识分析及策划 （50分）	目标品牌面料分析准确，能够结合虚拟品牌特点、市场调研进行虚拟品牌面料策划		
服装结构及工艺分析 （50分）	团队对服装的结构、工艺、设计分析到位，有效提炼卖点		

小组成员互评表（小组成员互评占学生成绩的 30%）

考核项目：		班级：	
考核成员：		被考核成员：	
考核任务	考核内容	分值	总分
承担任务完成情况 （40分）	能够较好地完成团队分配任务，内容完善，有始有终，及时完整		
团队合作能力 （20分）	有较好的合作配合、组织领导能力		
处理突发问题能力 （20分）	能够解决处理突发问题，及时沟通		
个人能力 （20分）	对问题有想法，有前瞻性，能够提出建设性建议		

项目三
服装市场营销环境分析

项目导入

服装企业生产经营活动是在市场营销环境下进行的，市场营销环境包括宏观环境和微观环境。本项目带领学生分析宏观环境和微观环境对服装企业经营活动的影响，对企业进行 SWOT 分析，结合企业特点制定应对策略。

学习目标

知识目标：

1. 了解服装市场营销环境。
2. 掌握服装市场宏观环境因素、微观环境因素
3. 掌握服装市场营销环境分析方法并制定应对策略。

能力目标：

1. 能够分析宏观环境、微观环境对服装企业经营活动的影响及目标品牌应对措施，并策划虚拟品牌应对措施。
2. 能够结合环境分析，对比调研品牌，对虚拟品牌进行 SWOT 分析。

素养目标：

1. 培养学生认识企业在生产经营中遇到不可控制环境影响因素的能力，以及面对复杂情况保持清醒的能力。
2. 培养学生认识宏观环境对个人发展影响的能力。
3. 培养学生审时度势，面对问题冷静分析的能力。

▶【案例引入】

劲霸男装第四次登陆米兰时装周

近年来，世界文化愈发展现出相互碰撞与融合的新形态，中国品牌也积极参与到全球文化交流的议题。历经三年努力，以劲霸男装为代表，首批再次走出国门的中国品牌，正在以更加成熟和饱满的姿态，重新站上世界舞台的前沿，蓄力已久的中国能量正喷涌勃发。

米兰时间2023年1月16日，劲霸男装第四次登陆米兰时装周官方日程。在意大利乃至全世界设计界当之无愧的地标——米兰三年展设计博物馆，中国高端商务休闲男装领导品牌劲霸男装携高端系列 KB HONG（图3-1），以"玉礼四方"的翩然之姿、谦逊之态、礼遇之仪成为首批走出国门亮相世界舞台的中国品牌，携中国非遗再度以线下走秀形式回归全球视野，这也是劲霸男装CEO兼创意总监洪伯明继2022年9月问鼎中国服装设计"金顶奖"后的首场国际大秀。

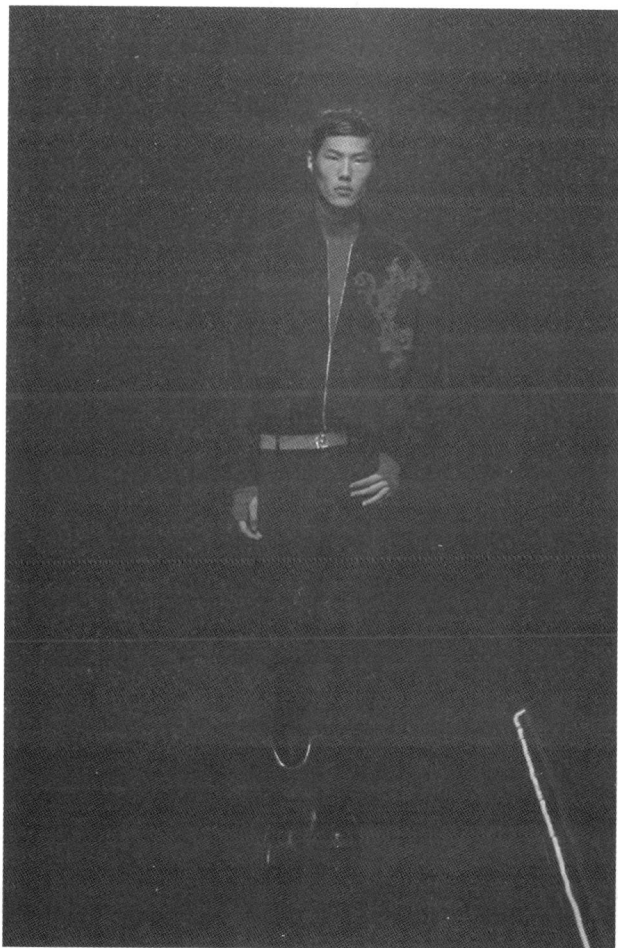

图 3-1　劲霸男装携高端系列 KB HONG

"高端新国货"成为品牌新战略，始于品牌一以贯之敢于创制变革。自信发声"中国茄克劲霸制造"，也是历经43年高质量发展给予品牌带来的底气与自信。2023年开年之际，劲霸男装携中国非遗马尾绣及玉龙纹等多元中国文化意象来到米兰时装周，糅合中国千年风范的"龙马精神"，以衣为媒，玉礼四方，不仅是对劲霸男装品牌精神的链接与拓展，更是让世界看到中国文化的独特魅力，以及中国时尚的设计力量。与世界对话、碰撞、交流、共振，劲霸男装正闪亮世界耀目东方，以新时代风貌开启2023新旅程。

案例思考： 分析劲霸男装登陆米兰时装周的环境背景。

——资料来源：新浪时尚：https://news.cfw.cn/v351153-1.htm

任务一　认知服装市场营销环境

任务目标

1.掌握服装市场营销环境的含义及其对企业影响。

2.通过分析服装企业面临的威胁和获得的机遇，制定企业应对策略。

3.正确认识企业在生产经营中遇到不可控制的环境因素影响，面对复杂情况，能够客观清醒。

任务描述

团队成员收集、整理服装企业在面对威胁和机遇的情况下采取的策略，并制作PPT进行分享。通过全班同学共同的分享，能够掌握更多企业面对环境因素的影响，采取的各种应对策略，增强面对困难、解决困难的决心。

知识准备

【微课】认知服装
市场营销环境

【课件】认知服装
市场营销环境

一、服装市场营销环境的含义

服装企业的营销活动是在一定的市场环境下进行的，这种营销活动一定会受到各种条件的制约，包括企业自身的因素和企业外部环境的因素。服装市场营销环境是指影响和制约服装企业营销活动有关的内部因素、外部因素的总和。服装市场营销环境包括宏观环境和微观环境两大类，如图 3-2 所示。

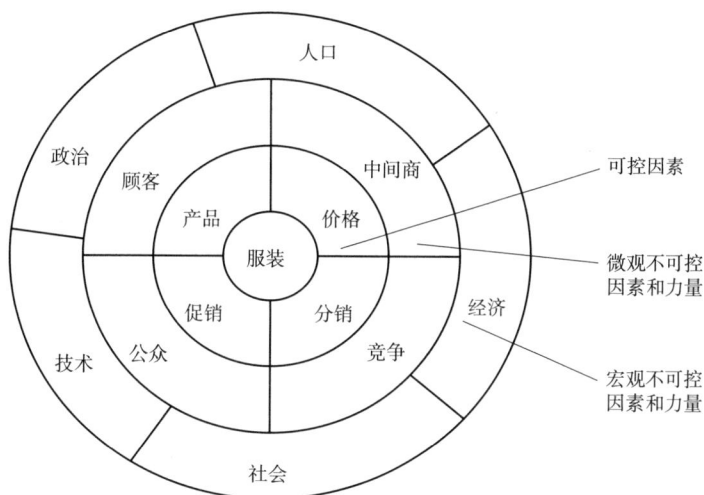

图 3-2　影响市场因素

服装市场营销宏观环境包括人口、经济、政治法律、科学技术、自然环境和社会文化环境等企业不可控因素。这些因素是企业在营销活动中不可控制的因素，它可以给企业带来机会，也可能带来威胁，企业应认真分析各种因素，巧妙抓住机会，减弱或化解危机。服装企业微观不可控因素是指企业自身、供应商、营销中介、顾客和竞争者。这些因素是能够直接影响企业营销能力和实施效果的各种因素。

二、服装市场营销环境的特征

1. 客观性

客观性是指无论是宏观环境还是微观环境，都是不以服装企业的意志为转移的，是客观存在的。它有着自己的运行规律，企业不能跳开和控制营销环境，因此，服装营销企业的营销活动只能去适应和分析每次营销活动面临的外界市场营销环境，制定相应的营销策略。例如，2013 年爆发的禽流感，使得大量的禽类被搏杀，致使羽绒价格急剧攀升，对生产羽绒服的企业造成很大影响，面对原材料上涨这样的不可抗力，已经有企业想办法开发代替品。有些企业开发"假羽绒"向顾客推荐，其原材料是棉布，保暖性能与羽绒相差无几，价格更有优势，但是在销售环节需要向顾客进行说明，然而说服并不是很容易。

2. 差异性

从客观上说，服装市场营销环境存在很多差异性，不同国家、不同地区、不同民族在人口、经济、政治法律、科学技术、自然环境和社会文化环境方面存在较大的差异。这些差异有些是自然差异，有些是社会差异。服装企业必须正确面对这些差异，认真研究，仔细分析，制定不同的营销策略。例如，肯德基（KFC）为了适应中国消费者的饮食习惯，其精心烹制的美食由原来的炸鸡、汉堡、蛋挞发展到后来的豆浆、油条。如今，一句广告语："肯德基出饭啦"让越来越多的中国人走进了 KFC 的大门。面对同行业的竞争，KFC 早已意识到，只有迎合中国人的口味，才能在中国得以持久发展。在服装上，南方服装的号型偏小，北方服装的号型偏大，季节上也有时间差，企业可以根据时间差，进行产品的调配，改善企业的库存。

3. 相互关联性

相互关联性是指服装市场营销环境各个影响因素之间不是各自独立的，是相互联系、相互依存和相互作用的。如果一家服装企业的目标顾客为 18～28 岁的年轻女孩，那么企业在制定营销策略时，就要分析目标人群的收入、生活方式，目标群体生活环境的特征，企业在开发产品时要考虑各方面影响因素，才能开发出适合市场环境的产品。

4. 动态变化性

服装市场营销环境各个影响因素不是一成不变的，它是动态变化的，企业的营销活动必须不断调整，以适应不断变化的环境。例如，随着人们生活水平的提高和节假日的增多，越来越多的消费者选择以旅游作为度过假期的方式，因此，休闲服市场成为很多服装企业争相开拓的市场。

5. 不可控性

服装市场营销环境的不可控性是指影响服装市场营销环境的因素是不以人的意志为转移的，是客观存在的，不会按照企业的意愿去发展，企业只能调整自己的可控因素去适应外界环境的变化。例如，一个国家的政治法律制度、经济发展、科技进步、社会文化发展，企业是不可能控制的。

6. 企业自我调节性

虽然前面讲到服装市场营销环境具有客观性和不可控性，但是企业面对外界营销环境也不是无能为力、坐以待毙的。服装企业面对各种营销环境时，可以调整内部营销环境，去适应或利用市场营销环境，最终使企业的营销行为得到良性发展。

≫ 小链接

利用社会文化因素寻找商机

有个商人，专门做地毯生意。有一次，他到阿拉伯国家去推销地毯，他到那里一看，发现阿拉伯的穆斯林教徒每天都准时地跪在地上，朝着圣城麦加的方向祷告——他的灵感来了，这就是商机！

他赶紧坐飞机回国，马上开发出一种特别有指明方向功能的祈祷地毯。在一块方便携带的地毯上，镶嵌一个类似指南针的针，能指示方向，它不指南也不指北，只指向圣城麦加！

所以，穆斯林教徒只要买一块这样的地毯，无论你在那个角落，把地毯一铺，一下子就可以找到圣城麦加的方向，跪下来祷告就可以了！

这种地毯十分方便，这对穆斯林教徒来说，仿佛是真主赐给他们的圣物，所以在阿拉伯一上市，立刻成了抢手货！

任务实施

收集服装企业在面对危机和机遇时应对策略

环节	要求	注意事项
收集服装企业策略	请学生收集服装企业在面对危机和机遇时的应对策略，制作 PPT，并进行讲解	汇报过程中注意各组发现的问题，并提出解决问题方案，结合实际，正确认识环境因素对企业生产经营的影响
小组评价	各小组对其他小组调研情况进行点评	
教师点评	指导教师对各组情况进行点评，汇总各组成果，引导学生得出结论	

任务二　分析服装市场营销宏观环境

任务目标

1. 掌握服装市场宏观环境内容。

2. 借助目标品牌对其宏观环境进行分析，并结合企业应对措施分析，得出自己的结论和建议，供营销决策参考。

3. 在实际操作过程中充分认识宏观环境对企业生产经营的影响，培养对环境意识的敏感度。

4. 充分认识宏观环境对个人发展的影响。

团队选取目标品牌，对目标品牌所处的宏观环境进行调研分析，并调研企业应对宏观环境措施，小组成员集体讨论，制定虚拟品牌面对同样的宏观环境的应对措施。

【课件】分析服装
市场营销宏观环境

服装市场营销宏观环境通常是指企业不可控制的因素，也是指一个国家或地区的政治、经济、文化等状况。它虽然是企业不可控因素，但是企业通过环境分析，利用企业的相关资源，调整内部可控因素，可以减弱宏观因素的影响，甚至利用宏观环境的变化，创造发展企业的机会。宏观环境主要包括人口环境、经济环境、政治法律环境、自然环境、科学技术环境和社会文化环境。

一、人口环境

人口是构成市场的第一要素。人口环境对服装市场营销的影响包括人口数量和地域分布、年龄结构、家庭规模、性别结构、民族特征、体型特征等方面。

1. 人口数量和地域分布

对服装市场而言，人口的多少直接决定市场的潜在容量，人口数量越多，对服装市场的需求量就越大。即使是在消费水平低下的地区，人口数量也直接影响服装产品的需要。相反，人口数量的增长也会导致人均收入下降，从而降低购买力，还会使房价、运输成本增加，从而使企业的总成本上升。

2. 年龄结构

不同年龄的消费者对服装商品的需求不同。年龄结构是企业目标市场选择的最主要的影响因素，直接关系到市场需求总量。企业在对目标市场按照年龄结构划分时，通常划分成 6 个年龄段，即学龄前儿童、学龄儿童、青少年、25 ～ 40 岁的年轻人、40 ～ 65 岁的中年人和 65 岁以上的老年人。企业根据选择目标市场的年龄消费者的不同特征，制定相应的营销策略。

3. 家庭规模

家庭是购买、消费的基本单位。家庭的数量及家庭中平均人口的多少直接影响到某些商品的消费数量。在我国，"四世同堂"现象已不多见，三口之家逐渐成为主要户型，并逐步由城市向乡镇发展。世界上普遍呈现家庭规模缩小的趋势，越是经济发达地区，家庭规模就越小。丁克家庭、单亲家庭、独身家庭的数量也开始上升，家庭数量的剧增必然会引起对炊具、家具、家用电器和住房等需求的迅速增长。

4. 性别结构

人口的性别不同，其市场需求也有明显的差异，反映到市场上就会出现男性用品市场和女性用品市场。男女在性别上的差异，使得在购买行为上有很大不同。男性消费者在购买行为上表现出购买行为的目的性与理智性、购买动机形成迅速与被动性及购买过程的独立性与缺乏耐性；而女性消费者在购买行为上表现为购买行为的主动性、灵活性、情绪性、波动性及购买行为的多样化和个性化。

5. 民族特征

我国是个多民族的国家，除汉族外，还有 50 多个少数民族。民族不同，其生活习性不同，文化传统也不同，反映到市场上，就是各民族的市场需求存在着很大的差异。在服装上，我国各民族都有自己的特点，每个少数民族都有自己民族特征的服饰。因此，企业营销者要注意民族市场的营销，重视开发适合各民族特性、受其欢迎的服装产品，如图 3-3 所示。

图 3-3　民族风服装

6. 体型特征

人体的体型特征是服装造型的依据。为了使服装能符合人体的生理特点，服装设计人员要充分了解人体体型，通过合理设计服装结构，达到服装展示人体美的目的。同样，消费者在选择服装时，也非常重视服装的合体性。以人体的胸围和腰围的差数为依据，可将人体体型分为 Y、A、B、C 四种。其中，Y 型为宽肩细腰型；A 型为标准型；B 型为腹部略凸型；C 型为腰围尺寸接近胸围尺寸，属于肥胖型，胸腰落差在这些标准之外的属于特殊体型。

二、经济环境

经济环境是指影响企业市场营销活动的经济因素，包括直接影响营销活动的经济环境因素和间接影响营销活动的经济环境因素两个方面。

1. 消费者收入水平

市场构成要素包括人口、购买欲望和购买能力，仅有前两者并不能形成有效市场，所以，消费者的收入水平决定消费者的购买力水平，最终决定企业实际市场的购买量。

消费者收入是指消费者个人从各种来源中所得的全部收入，包括消费者个人的工资、退休金、红利、租金、赠予等收入。消费者的购买力来自消费者的收入，但消费者并不是将全部收入都用来购买商品或劳务，购买力只是收入的一部分。在消费者的收入中，个人可任意支配收入是购买力的主要来源。

个人可任意支配收入是在个人可支配收入中减去用于维持个人与家庭生存不可缺少的费用（如房租、水电、食物、衣着等项的开支）后剩余的收入。这部分收入是消费需求变化性最大的因素，也是企业在营销活动中最能争取的部分。个人可任意支配收入是用于非生活必需品的消费，形成享受性消费动机和发展性消费动机，一般用于购买高档消费品、旅游产品或提高自身素质的学习类产品。

2. 消费者支出模式和影响因素

消费者支出模式是指消费者收入变动和需求结构之间的对应关系。对于消费者来说，当收入一定的情况下，需要根据自己对产品的急需程度，对消费的产品进行排序，一般是先满足生存性消费，然后才是享受性消费和发展性消费。

消费者支出模式主要受消费者收入、家庭生命周期及家庭所在地影响。消费者收入水平的变化，往往会影响消费者的支出，这个问题通常用德国统计学家恩格尔提出的恩格尔定律来说明。恩格尔定律表述如下：

（1）随着家庭收入的增加，用于购买食品的支出占家庭收入的比重会下降。

（2）随着家庭收入的增加，用于住宅建筑和家务经营的支出占家庭收入的比重大体不变。

（3）随着家庭收入的增加，用于其他方面的支出和储蓄占家庭收入的比重就会上升。

三、政治法律环境

政治法律环境是影响企业营销的重要宏观环境因素。政治环境引导着企业营销活动的方向，法律环境则为企业规定经营活动的行为准则。政治与法律相互联系，共同对企业的市场营销活动产生影响和发挥作用。

1. 政治环境

政治局势是指企业营销所处的国家或地区的政治稳定状况。一个国家的政局稳定与否会给企业营销活动带来重大的影响。如果政局稳定，生产发展，人民安居乐业，就会给企业造成良好的营销环境；相反，如果政局不稳定，社会矛盾尖锐，秩序混乱，不仅会影响经济发展和人民的购买力，而且对企业的营销心理也有重大影响。各个国家在不同时期，根据不同需要颁布一些经济政策，制定经济发展方针、政策，这些方针、政策不仅影响本国企业的营销活动，还影响外国企业在本国市场的营销活动。国际上各国政府采取的对企业营销活动有重要影响的政策和干预措施包括进口限制、税收政策、价格管制、外汇管制等。

2. 法律环境

法律是体现统治阶级意志，由国家制定或认可，并以国家强制力保证实施的行为规范的总和。对企业来说，法律是评判企业营销活动的准则，只有依法进行的各种营销活动，才能受到国家法律的有效保护。企业开展市场营销活动，必须了解并遵守国家或政府颁布的有关经营、贸易、投资等方面的法律、法规。如果从事国际营销活动，企业既要遵守本国的法律制度，还要了解和遵守市场国的法律制度和有关的国际法规、国际惯例和准则。

四、自然环境

自然环境是指自然界提供给人类各种形式的自然物质资料，如阳光、空气、水、森林、土地等。自然资源可分为三类：第一类是可再生资源，如森林、农作物等，可以被再次生产出来，但必须防止过度采伐森林和侵占耕地；第二类是不可再生资源，如石油、煤炭、银、锡、铀等，这种资源蕴藏量有限，随着人类的大量开采，有的矿产已近处于枯竭的边缘；第三类是恒定资源，如空气、太阳能、风力等。自然资源短缺，一方面使许多企业将面临原材料价格大涨、生产成本大幅度上升的威胁；另一方面又迫使企业研究更合理地利用资源的方法，开发新的资源和代用品，这些又为企业提供了新的资源和营销机会。工业化、城镇化的发展对自然环境造成了很大的影响，尤其是环境污染问题日趋严重，许多地区的污染已经严重影响到人们的身体健康和自然生态平衡。环境污染问题已引起各国政府和公众的密切关注，这对企业的发展是一种压力和约束，要求企业为治理环境污染付出一定的代价，但同时也为企业提供了新的营销机会，促使企业研究控制污染的技术，兴建绿色工程，生产绿色产品，开发环保包装。

地理环境不同的消费者对服装的要求不同。由于地理环境的差异，使生活在南方的消费者和生活在北方的消费者，在服装的需求上有很大差异，在北方冬季人们会需要兽皮、棉衣等御寒服装；而在气候燥热的南方，一年四季都需要轻薄的服装。

五、科学技术环境

科学技术环境对企业的技术竞争创新起着重要的影响作用，每种新技术的发现、推广都会给有些企业带来新的市场机会，导致新行业的出现。同时，也会给某些行业、企业造成威胁，使这些行业、企业受到冲击甚至被淘汰。生产同一类产品的企业，由于不同档次科技水平的应用，工艺技术含量的差异，最终导致经济成果的差异，有的企业因此一跃成为行业老大，有的企业只能默默退出行业。因此，企业越来越要求具备良好的科学技术环境。例如，计算机的运用代替了传统的打字机，复印机的发明排挤了复写纸，数码相机的出现将夺走胶卷的大部分市场等。随着多媒体和网络技术的发展，出现了"电视购物""网上购物"等新型购物方式。人们还可以在家中通过"网络系统"订购车票、飞机票、戏票和球票。工商企业也可以利用这种系统进行广告宣传、营销调研和推销商品。随着新技术革命的进展，"在家便捷购买、享受服务"的方式还会继续发展。

科技发展使新产品不断涌现，产品寿命周期明显缩短，要求企业必须关注新产品的开发，加速产品的更新换代。科技发展运用降低了产品成本，使产品价格下降，并能快速掌握价格信息，要求企业及时做好价格调整工作。科技发展促进流通方式的现代化，要求企业采用顾客自我服务和各种直销方式。科技发展促使广告媒体的多样化、信息传播的快速化、市场范围的广阔性、促销方式的灵活性。为此，要求企业不断分析科技新发展，创新营销组合策略，适应市场营销的新变化。

六、社会文化环境

1. 教育水平
教育水平是指消费者受教育的程度。教育水平高低影响着消费者心理、消费结构，影响着企业营销组织策略的选取，以及销售推广方式、方法的差别。服装企业在面对不同教育水平的顾客时，应采用不同的营销策略。在教育水平高的地区，调研方法选择多种多样，可以采用访问、问卷，也可以利用网络进行调研，对于产品，人们更讲究品牌意识，强调流行时尚、注重品质，促销方式灵活多样，除各种广告外，公共关系也是企业必须强调的策略。

2. 语言文字
语言文字是人类交流的工具。它是文化的核心组成部分之一。不同国家、不同民族往往都有自己独特的语言文字，即使同一个国家，也可能有多种不同的语言文字，即使语言文字相同，也可能存在表达和交流的方式不同。语言文字的不同对企业的营销活动有巨大的影响。例如，美国汽车公司的"Matador"（马塔多）牌汽车，通常是刚强、有力的象征，但在波多黎各，这个名称意为"杀手"，在交通事故死亡率较高的地区，有这种含义的汽车肯定不受欢迎。我国有一种汉语拼音叫"MaxiPuke"的扑克牌，在国内销路很好，但在英语国家不受欢迎。因为在英语国家"MaxiPuke"是"最大限度地呕吐"的意思。

3. 价值观念
价值观念是人们对社会生活中各种事物的态度、评价和看法，包括人们对时间、社会地位、拥有财富、个性和态度等不同看法。不同的社会文化背景下，人们的价值观念差别是很大的，而消费者对商品的需求和购买行为深受其价值观念的影响。在西方一些发达的资本主义国家，大多数人比较追求生活上的享受，超前消费突出也是司空见惯的事情；在我国，勤俭节约是民族的传统美德，借钱买东西这种消费行为往往被看成是不会过日子，人们大多攒钱购买商品，而且大多局限在货币的支付能力范围内，量力为出。企业营销必须根据消费者不同的价值观念设计产品，提供服务。对于年轻的消费者，他们乐于变化，喜欢猎奇，富有冒险精神，应开发设计感强、时尚新颖的产品，销售渠道独特、促销方式另类；对于中老年消费者，他们消费观念保守，喜欢沿袭传统消费习惯，企业应根据这部分消费者的特点，开发的产品要既有时代特点又符合传统观念，以传统销售方式和促销方法为主，逐步开发营销渠道。同时，随着我国的法定假期元旦、春节、清明、五一、端午节、中秋节、国庆节的制定，人们的假期增多，对于家庭观念重的消费者，可能会在这些假期中，选择与家人团聚，对服装企业来说，家居服的市场必然增加。对于另外一部分消费者，可能会选择出门旅游度假来放松自己的身心，户外休闲服装的需求量一定会迅猛增加，服装企业在制定营销策略时应将产品与目标市场的各种变化、消费者的价值观念联系起来。

4. 风俗习惯

风俗习惯是人们根据自己的生活内容、生活方式和自然环境，在一定的社会物质生产条件下长期形成，并世代相袭而成的一种风尚和由于重复、练习而巩固下来并变成需要的行动方式等的总称。不同的国家、民族有不同的风俗习惯，它对消费者的消费嗜好、消费模式、消费行为等具有重要的影响。

5. 审美观

审美观通常是指人们对事物的好坏、美丑、善恶的评价。不同的国家、民族、宗教、阶层和个人，往往因社会文化背景不同，其审美标准也不一致，有的以"胖"为美，有的以"瘦"为美，有的以"高"为美，有的则以"矮"为美，不一而足。例如，缅甸的巴洞人以妇女长脖为美；而非洲的一些民族以文身为美。审美观的不同而形成的消费差异更是多种多样，在欧美，妇女结婚时喜欢穿白色的婚礼服，因为她们认为白色象征着纯洁、美丽；在我国，妇女结婚时喜欢穿红色的婚礼服，因为红色象征吉祥如意、幸福美满。

≫ 小链接

中西方两个老太太的买房故事一直被引用着。一个中国老太太和一个美国老太太在天堂相遇。中国老太太说："我攒够了30年的钱，晚年终于买了一套大房子。"美国老太太说："我住了30年的大房子，临终前终于还清了全部贷款。"这个故事是想告诉人们，美国老太太的消费观与中国老太太的消费观是截然不同的，美国老太太的消费属于信贷消费，中国老太太的消费属于钱货两清的消费。

调研服装企业面临的宏观环境

调研内容	调研结果	企业应对策略
人口环境		面对宏观环境情况调研企业采取的应对措施
经济环境		
政治法律环境		面对同样宏观环境,虚拟品牌采取的应对措施
科学技术环境		
自然环境		两者对比分析
社会文化环境		

任务三 分析服装市场营销微观环境

任务目标

1. 掌握服装市场微观环境内容。

2. 借助目标品牌对其微观环境进行分析,并结合企业应对措施,得出自己的结论和建议,供营销决策参考。

3. 在实际操作过程中充分认识微观环境对企业生产经营的影响,培养对环境意识的敏感度。

4. 充分认识周围环境对个人成长的影响。

任务描述

团队选取目标品牌,对目标品牌所处的微观环境进行调研分析,并调研企业应对微观环境措施,小组成员集体讨论,制定虚拟品牌面对同样的微观环境的应对措施。

知识准备

【课件】分析服装
市场营销微观环境

服装市场营销微观环境是指与企业联系紧密，直接制约和影响企业营销活动的因素。服装企业必须对影响企业的微观环境进行分析，以便更好地协调企业和环境之间的关系，最终实现企业的营销目标。服装市场营销微观环境包括企业内部因素、供应商、营销中介、顾客、竞争者和公众。

一、企业内部因素

服装企业市场营销活动的开展首先要考虑到企业内部因素。企业的市场营销活动是整个企业各个部门协调配合的过程，企业各个部门管理层之间配合的科学、合理、协调一致，才能保证营销活动顺利进行。营销管理部门要协调计划、技术、采购、生产、营销、质检、财务、后勤等各个部门，与之通力合作，最终实现营销目标。

二、供应商

供应商是向服装企业提供生产经营所需所有资源的企业或个人。供应商提供的原料包括原材料、辅助材料、生产设备、零部件、能源、劳务、资金等。这些资源直接影响企业产品的产量和质量，进而对企业的营销活动产生重大的影响。

供应商对服装企业营销的影响主要体现在以下两个方面。

（1）供应商供应货物的及时性和稳定性。供应商提供的原材料、辅料、机械设备，是服装企业能够顺利生产，按期交货的前提条件。服装具有流行性的特点，不能按期交货意味着错过了销售的最佳时机，企业会受到重大损失，甚至会流失顾客。因此，供应商供应货物的及时性和稳定性对服装企业至关重要，企业慎重选择供应商，全面了解供应商的信誉和供货实力，确保供应商供应货物的及时性和稳定性。

（2）供货价格和质量。成本是企业制定价格的下线。供应商提供的原材料、辅料的价格直接影响企业的成本，最终影响利润，企业应密切关注原材料市场价格的变动趋势，判断供应商提供产品价格，积极应对。供应商供应货物的质量最终影响服装产品的质量，进而影响产品的销售情况，服装企业应建立详细的质量检验标准，从供货源头把关，从而保证产品质量。针对上述情况，服装企业在选择供应商时，应选择适当数量的供应商，并且根据供应商在供货渠道中的作用和实力区别对待，促使其良性竞争，提高供货质量。

三、营销中介

营销中介是指在服装企业将最终产品销售给消费者的过程中，协助企业完成融通资金、销售产品、运输储存等功能的专业机构。其包括中间商、物流仓储机构、营销服务机构和金融机构等。

1. 中间商

中间商是将服装产品从生产商流向最终消费者的中间环节或渠道。其主要包括批发商和零售商两大类。中间商是企业间接渠道的主要成员，特别是对于刚进入市场的企业，中间商可以帮助企业开拓新市场，为其产品打开销路，准确找到目标顾客，并且提供资金支持，解决库存问题等。企业在选择中间商时，应考虑合作态度、回款速度、库存水平、开拓市场能力等方面。

2. 物流仓储机构

物流仓储机构是指帮助服装企业进行保管、储存、运输的仓储公司、物流公司、运输公司等。物流仓储机构的主要任务是协助服装企业将服装产品由生产地运往销售目的地，完成产品空间位置的移动。到达销售目的地后，在待售时间内，协助中间商或企业保管和仓储。物流仓储机构的快捷、安全，直接影响服装产品的最终销售，企业必须及时了解和掌握物流仓储机构的运行状态，及时了解运行信息，确保产品的流通。

3. 营销服务机构

营销服务机构是指为服装企业在营销策划活动中提供各种专业服务的机构。其包括广告公司、市场调研咨询公司、财务管理公司等。这些机构可以协助企业进行市场调研和分析，协助选择和分析目标市场，进行市场定位，进而完成针对目标市场的有效市场营销活动。

4. 金融机构

金融机构是指在服装企业营销过程中帮助企业融通资金或分担货物各种风险的机构。其包括银行、信托公司、保险公司、证券公司等。金融机构虽然不直接参与企业的经营，但却与企业的经营有着千丝万缕的关系，企业之间的财务往来要通过金融机构结算，而银行汇率、保险费率的变化都会影响企业的经营。因此，企业需要与金融机构保持良好的关系，确保融资、信贷、保险业务的稳定。

四、顾客

顾客是服装企业的服务对象，是企业的终端市场，也是企业产品的最终使用者，决定企业产品的销售情况。企业的一切活动都应该以顾客为中心，所以，顾客是重要的微观环境。服装企业的顾客可能是个人、家庭，也可能是机构、集团或政府部门。根据顾客购买动机的不同可将顾客分为消费者市场、生产者市场、中间商市场、政府市场和国际市场。

五、竞争者

服装企业不可能独占市场，在市场竞争中，服装企业面临不同形式的竞争。竞争包括一般竞争、形式竞争、行业竞争和品牌竞争。一般竞争也称总预算竞争，是指为争取同一笔资金而提供不同产品的企业，竞争对手为所有企业，竞争目标是所有顾客。例如，消费者有一笔资金，既可以用于购买家电，也可以用于购买服装，还可以用于购买娱乐用品等。形式竞争是指为满足相同需求而提供不同产品的企业，如为了代步，消费者可以选择汽车、摩托车、自行车等；为了防寒消费者可以选择冲锋衣、羽绒服、棉衣、保暖内衣等。行业竞争是指生产或销售同样产品或同类产品的企业之间的竞争，如服装行业、餐饮行业、房地产行业内部各企业之间的竞争。品牌竞争是指同一行业内，以相似的价格向相同的顾客提供相同产品的企业视为品牌竞争者。

六、公众

公众是指在企业营销活动中，与企业实现营销目标具有实际的或潜在的关系，与企业营销活动发生关系的各种群体或个人的总称。公众对服装企业的态度对服装企业的形象具有很大影响。它既可以帮助企业树立良好的形象，也可能阻碍企业形象的树立。服装企业要注重与公众之间的关系，得到公众的支持。公众包括融资公众（银行、投资公司、保险公司等）、媒体公众（报纸、广播、电视等）、政府公众、社会公众（消费者权益组织、环保组织等）、社区公众（企业所在地社区组织）、一般公众、内部公众。

>>> 小链接

数字化赋能品牌竞争力，盛夏带火清凉服饰

近年来，随着居民收入水平持续提升，衣着支出占消费支出的比重进一步提高。消费者对服装服饰的需求仍在上升，只要找准方向，服饰产业仍有较大成长空间。

首先，要紧抓数字化机遇。与传统渠道相比，数字化渠道能够使生产者和消费者互相"看见"，生产者可以通过用户评价、留言等数据了解消费者的需求和痛点，从而有针对性地进行产品研发，避免传统生产中"盲赌"爆款、积压库存等风险。同时，数字技术通过深入的用户洞察，可以更高效、更精准地触达细分市场消费者，减少新品推出的周期和成本，降低投入门槛。

值得注意的是，数字技术极大改变了以往服装企业生产效率低、产品质量难控制、响应客户个性化、定制化订单能力缺失等问题。无论是感知潮流，还是创造潮流，数字经济都是很好的助力。基于消费者对个性化、高端服饰的需求，国内已经出现了不少数字化的服装定制企业。随着数字技术和实体企业深度融合，纺织服装产业将实现做大做强、转型升级，品牌影响力和竞争力不断增强。

其次，国货当自强。过去多年，国际品牌一直在中国市场占据重要位置。与国际大牌相比，我国服装行业仍面临设计水平低、品牌知名度不高等问题。一般而言，服装业运营主要有研发设计、加工生产和品牌渠道运营三个环节。其中，研发设计利润占

35%，品牌渠道运营利润占55%，加工生产企业利润只占10%。只参与生产环节，市场分配的主动权掌握在他人手里，企业拿到的回报最少。目前很多服装加工企业已经意识到，创立自己的品牌并利用数字化转型的重要性。

　　未来，随着中国品牌在产品设计、功能实现、产品质量等方面不断进步，国产品牌一定可以快速崛起，并在产业链中形成差异化竞争优势。

——资料来源：CFW时尚：https://news.cfw.cn/v345490-1.htm

任务实施

调研服装企业面临的微观环境

调研内容	调研结果	企业应对策略
企业内部		面对微观环境情况调研企业采取的应对措施 　面对同样微观环境，虚拟品牌采取的应对措施 　两者对比分析
供应商		
营销中介		
顾客		
竞争者		
公众		

任务四　研究企业应对策略

任务目标

1. 掌握企业营销环境分析方法及企业应对策略。
2. 对比调研品牌和虚拟品牌对虚拟品牌进行 SWOT 分析。
3. 结合自己面临的现实情况，如求职，对所处环境和自身条件进行 SWOT 分析。
4. 能审时度势，面对问题冷静分析，扬长避短。

任务描述

　　团队成员对虚拟品牌进行 SWOT 分析，结合宏观环境、微观环境分析虚拟品牌面临的机会和威胁，对比目标品牌分析虚拟品牌的优势和劣势。

【微课】服装市场营销环境分析及企业应对策略

【课件】研究企业应对策略

一、服装市场营销环境分析

服装企业通过对企业所面临的内外部环境进行分析，使服装企业能够识别和判断营销机会与识别环境威胁，从而提高企业对环境的适应性。市场营销机会是指在分析营销环境时发现的对企业营销活动具有推动作用的领域，在这一领域内，服装企业具有较大的竞争优势，或者获得营销成功的机会更大。环境威胁是指在营销环境分析过程中发现的不利于企业的发展趋势，如果企业不采取措施，这种不利趋势会使服装企业失去营销市场地位。

1. SWOT 分析方法

服装市场营销环境分析常用的方法为 SWOT 分析方法，即 Strength（优势）、Weak（劣势）、Opportunity（机会）、Threaten（威胁）。SWOT 分析方法的核心是通过对服装企业外部环境和内部条件的分析，明确企业可利用的机会和可能面临的威胁，并将这些机会和威胁与企业的优势和劣势结合起来，形成企业不同的战略措施。

2. 环境机会分析

环境机会分析主要考虑机会潜在利润的大小，市场吸引力的强弱和企业成功的可能性，是否在这一机会中占有优势，如图 3-4 所示。

（1）第 I 象限机会潜在利润很高，但是企业成功概率很低，从分析上看机会能够带来较高的利润，但是相比较成功的机会而言，企业获得这种高利润的机会太低，不值得企业去冒险。如果环境变化趋势可以使成功概率增加，可以尝试；如果环境没有发生有利变化，应放弃这次机会。

图 3-4　环境机会分析

（2）第 II 象限机会潜在利润很高，企业在这一个机会中具有明显的优势，成功概率很大，对企业发展有利，企业应抓住这个机会，采取积极措施，投入精力，全面发展。

（3）第 III 象限属于机会潜在利润低和成功概率高的环境机会。这种情况通常对大企业来说，会觉得潜在利润低而不予以重视，干脆放弃；而对于中小企业来说，正可以不

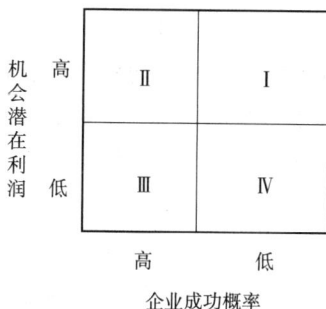

失时机地捕捉这样的机会，不断壮大自己。

（4）第Ⅳ象限的环境机会，属于机会潜在利润低和成功概率低的环境条件。对这样的环境状态，企业应该随时把握市场变幻动态，一方面积极改善自身条件；另一方面静观市场变化趋势，随时准备利用其转瞬即逝的机会。

3. 环境威胁分析

环境威胁分析从两个方面进行讨论：一方面是分析环境威胁出现的概率大小；另一方面是分析环境威胁潜在的严重性，如图3-5所示。

（1）第Ⅰ象限的威胁出现的概率低，但是潜在的威胁程度却很大，企业要密切关注市场环境变化，及时监视其发展动态，一旦出现可能，及时采取应对措施。

（2）第Ⅱ象限威胁的严重性大，出现的概率也大，企业必须特别重视，要认真分析环境，制定不同环境威胁下的相应措施，适时调整企业策略，避免或减少环境威胁带来的影响。

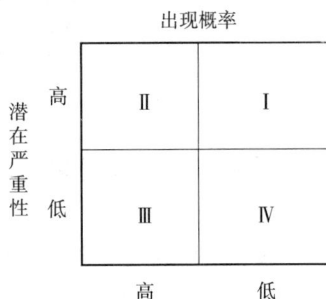

图 3-5　环境威胁

（3）第Ⅲ象限属于潜在威胁程度较低，但出现概率很高的情况。虽然对企业的威胁程度很小，但是出现的概率大，企业也必须重视，采取适当的应对措施，避免向威胁程度大的环境因素转变，并且调整企业可控因素，减少威胁出现概率。

（4）第Ⅳ象限属于威胁潜在的严重性较低和出现概率也较低的状况，企业可以不必过于担心，只要密切注意其发展动态，避免其向其他象限的情况发展即可。

二、服装企业应对策略

1. 企业面对市场机会采取的策略

（1）及时抓住策略：当服装企业面临市场成功机会大、预期利润大的环境机会时，应该及时抓住市场机会。在企业面临市场机会时，企业要分析其市场机会是不是与企业营销目标相一致，企业在此次机会中是否占有绝对优势，是否具备利用此次市场机会的资源条件，如果分析结果表明此次市场机会能够给企业带来利润，企业应抓住时机，调整自己的营销策略，充分利用环境机会，争取更大的发展。

（2）等待时机策略：服装企业在市场环境分析过程中发现，有些环境机会相对稳定，不会稍纵即逝，而企业在利用环境机会时不具备绝对的优势，企业可以密切关注市场机会，同时，不断调整营销策略，创造条件，等待时机成熟，充分利用此次市场机会，为企业创造财富，巩固市场地位。

（3）果断放弃策略：通过环境分析市场营销机会具有很大的吸引力，但是对于服装企业来说，在此市场营销机会中不具有优势，缺乏必要条件，无法加以利用，服装企业通过综合分析，如无优势，应采取果断放弃策略，任何犹豫和拖延都可能导致丧失其他有力的市场营销机会。

2. 企业面对威胁采取的策略

（1）反攻策略：试着通过企业自身的努力限制或扭转环境因素中的不利因素的发展，通过法律诉讼等方式，促使政府通过某种法令或政策等保护企业自身合法权益不受侵犯，改变或减轻环境的威胁。

（2）减轻策略：也称消弱策略，是指企业可以通过可控因素调整自己的营销策略，来减少或消除营销环境威胁带给企业的影响。

（3）合作策略：企业通过各种合作手段（如联合、合作、合并、参与等），由更多的社会组织组成联合体，充分利用资金、技术、设备，取长补短，分散风险，共同保护自身利益，以期减少环境威胁的影响。

（4）转移策略：当受到威胁程度严重的企业，因无条件继续经营原来业务时，可采取逐步转移原来业务或调整业务范围，以减轻环境对企业的威胁。服装企业在面临转移策略时，有三种选择：一是服装企业现在所经营的产品的转移，可能是服装风格、服装品类等；二是服装市场的转移，重新划分市场，找出企业的优势市场，推出新产品；三是行业的转移，退出服装行业转移到其他行业。

>>> 小链接

服装行业严重饱和，以下这种模式将会被淘汰！

服装行业已经严重饱和了，如果你还在用这些模式去经营，那么未来你将会被淘汰。

第一种，以代理商为主的品牌，它既不是强势品牌，又没有品牌率，还没有零售能力。

第二种，价格虚高的品牌，现在还有很多服装品牌，它的加价倍率在 5～6 倍，但是它的产品品质、款式、品牌力都不足够支撑它虚高的加价率。

第三种，商品的企划能力、商品的研发能力都不行，花了很多钱，开发了很多商品，但是到了终端动销率不高，很多款式互相重复，互相竞争，则这类企业也是不行的。

第四种，供应链管理水平不行的品牌，它的店铺里面就会出现畅销款很快卖断货，但是滞销款又剩下一大堆卖不动这样的情况。

第五种，不懂得私域运营的品牌，如果客户在你这儿购买了以后，你不懂得把它进行二次运营。

——资料来源：丽人服装网 https://news.cfw.cn/v351022-1.htm

任务实施

对虚拟品牌进行 SWOT 分析

结合宏观环境和微观环境分析，对比调研品牌，对虚拟品牌进行 SWOT 分析	
优势：	劣势：
机会：	威胁：

教师评价表（教师评价占学生成绩的 70%）

考核项目：			班级：	
团队名称：			成员：	
考核任务	考核内容		分值	总分
面对威胁和机遇时企业应对策略 （20 分）	主题明确、调研目的清晰、人员分工明确、有应急处理方案、各阶段任务明确			
面对宏观环境情况调研企业采取的应对措施、虚拟品牌企业措施 （25 分）	企业调研内容全面、虚拟品牌措施得当，分析有理有据			
面对微观环境情况调研企业采取的应对措施、虚拟品牌企业措施 （25 分）	企业调研内容全面、虚拟品牌措施得当，分析有理有据			
虚拟品牌的 SWOT 分析 （30 分）	结合宏观环境和微观环境分析，对比调研品牌，结论恰当			

小组成员互评表（小组成员互评占学生成绩的 30%）

考核项目：			班级：	
考核成员：			被考核成员：	
考核任务	考核内容		分值	总分
承担任务完成情况 （40 分）	能够较好地完成团队分配任务，内容完善，有始有终，及时完整			
团队合作能力 （20 分）	有较好的合作配合、组织领导能力			
处理突发问题能力 （20 分）	能够解决处理突发问题，及时沟通			
个人能力 （20 分）	对问题有想法，有前瞻性，能够提出建设性建议			

项目四
服装市场调研

项目导入

市场调研是了解消费者购买服装行为的主要方式。通过对目标品牌的营销环境、目标顾客群、营销策略等方面的调研，对资料进行整理分析，撰写调研报告，为虚拟品牌策划方案提供参考。

学习目标

知识目标：

1. 了解市场调研的内容。

2. 掌握市场调研方法。

3. 掌握调研报告结构。

能力目标：

1. 能够结合所选目标品牌准确完成调研前期、中期、后期的准备工作。

2. 能够完成二手资料收集、访问和网络调研。

3. 能够有效分析调研数据，撰写调研报告。

素养目标：

1. 培养学生分析问题、解决问题、与陌生人沟通交流的能力。

2. 培养学生的团队合作意识。

3. 培养学生的创新意识。

4. 培养学生的全局意识。

2023年2月女装跨境电商数据分析

一、现状分析

（1）亚马逊网站服饰子品类占比（图4-1）：女装占比43.02%，男装占比22.78%，男孩、女孩、婴幼儿服饰共占比9.87%，专业运动服饰占比7.98%，其他鞋子、珠宝类占比13.72%。

（2）亚马逊网站女装各子品类数量占比：内衣、睡衣品类位居第一占比23.96%；上衣、T恤、衬衫占比14.46%，连衣裙占比12.31%。全品类整体关注度较2022年1月均有所上升，运动服饰2月有所增长，市场需求上升。

二、数据启发

（1）通过持续对跨境电商行业的数据分析与对比，多维度解读产品的品类体量、价格分布与市场需求，可得知份额最大的女装持续占据市场主导地位；舒适、百搭、运动是高交易品类的显著特征；毛衣、外套、衬衫、卫衣的需求量持续上升。

（2）刚需品类内衣、睡衣的购买需求依旧稳居第一。

（3）根据各品类购买人数来看，内衣、睡衣、上衣、T恤&衬衫、连衣裙、运动装是市场核心品类。

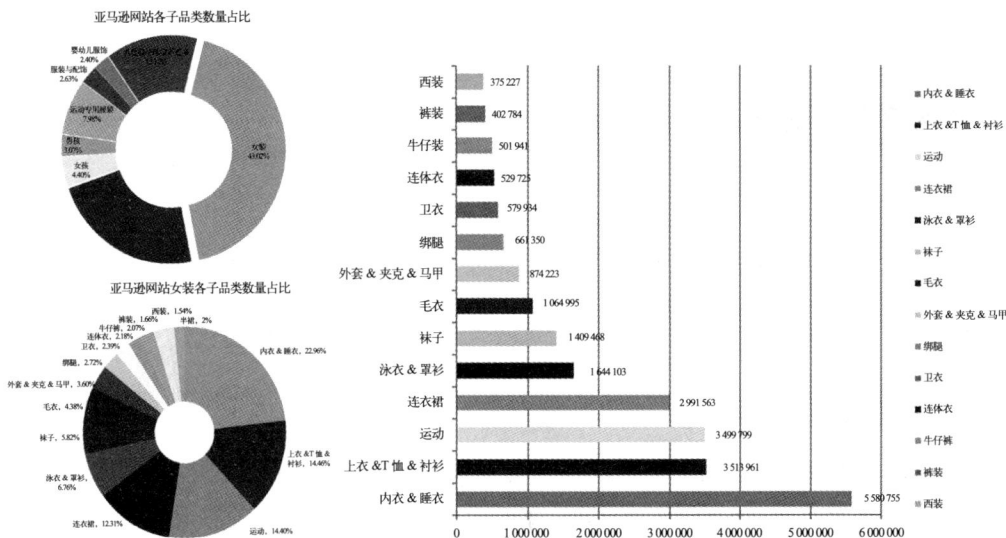

图4-1 亚马逊网站服饰子品类占比

案例思考：1.市场调研的作用有哪些？

2.市场调研信息如何应用？

——资料来源：POP趋势服：https://www.pop-fashion.com/details/report/t_report-id_16079-col_206/

任务一　服装市场调研认知

任务目标

1. 了解服装市场调研的含义。
2. 掌握服装市场调研的步骤，并能按步骤实施。
3. 培养团队合作精神。

任务描述

本任务为服装市场调研任务的第一阶段，学生主要完成市场调研前的准备工作。

知识准备

【课件】服装市场
调研认知

一、服装市场调研的含义

服装市场调研是指服装企业运用科学的方法，有组织、有计划地系统、全面、准确、及时地收集、整理和分析服装市场现象、消费者、竞争对手各种活动资料过程，为服装企业的经营决策提供依据。

二、服装市场调研的步骤

1. 调研前期准备阶段

（1）调研问题确定。调研准备的第一阶段是确定调研主题及调研目的。调研主题明确，调研目的清晰，才能有组织、有计划地完成调研工作。调研主题包括对正在从事的业务出现的问题进行调研，还是对潜在可能发生的问题进行调研，或是为了将来新业务的规划。

（2）确定调研计划。调研准备的第二阶段是确定调研计划。调研计划包括调研提纲确定、调研方法选取、调研人群确定、调研样本选取、调研进程表制定、调研预算制定等。

（3）物料准备。调研准备的第三阶段是对参与调研的人员进行培训，对调研问卷进行印制，对调研所需材料进行整理。

2. 调研中期实施阶段

（1）人员分工。调研实施出发前，要对调研人员进行详细分工，人员分工要本着人人有事做，并且事事有人做，不能混乱，同时要做好应急预案，对突发事件要有人负责，并及时处理。

（2）实施调研。调研实施阶段也是调研的重点环节，关系到调研数据收集的准确程度、是否全面真实。调研方法包括文案调研和实地调研两种。

3. 调研后期整理阶段

（1）数据分析。数据整理分析阶段首先是对调研的资料进行筛选，挑选出对调研主题有主要参考价值的资料，对不符合要求的资料进行排除。其次要将有用的资料按照调研目标要求进行分组汇总，用统计图表的形式将资料整理归纳。

（2）编写报告。编写市场调研报告是整个市场调研的最后一个环节，也是最重要的环节，是前面所有工作的一个整体概括。其包括整个调研的组织工作、调研数据分析及调研结论和建议。

>>> 小链接

某咖啡馆曾作过一个颇有意义的心理试验，店主请来30多个人，每人喝4杯分别用红、绿、黄、棕4种颜色的杯子盛放的咖啡，然后各自回答对不同颜色杯子中咖啡浓度的感受。结果大多数人对浓度的排序是红色、棕色、黄色和绿色。其实只有店主知道，所有咖啡的浓度都一样。于是，该店从此以后一律使用红色杯子盛放咖啡，使顾客普遍感到满意。

任务实施

市场调研前准备工作任务

阶段	工作内容	实施记录
调研前期准备	调研主题	
	调研时间、地点	
	调研目的	
	物料准备	
调研中期实施	人员分工	
	数据收集	
	资料收集	

续表

阶段	工作内容	实施记录
调研后期整理	数据统计分析	
	文字资料整理	
	照片、影像资料整理	
	编写调研报告	

任务二　锁定服装市场调研内容

任务目标

1. 掌握服装市场调研内容。
2. 结合实际实施调研。
3. 培养学生全面思考、创新思维。

任务描述

学生以小组为单位，分工合作，完成宏观环境调研、市场需求调研、营销组合调研及竞争调研。

知识准备

【微课】服装市场
调研内容与方法

【课件】锁定服装
市场调研内容

服装市场调研的内容要结合调研的主题和目标，根据调研主题确定调研内容。通常，服装市场调研的内容包含以下几个方面。

一、宏观环境调研

宏观环境是服装企业在市场经营过程中必须面对的外部环境，这些外部环境是客观存在的。对于企业来说，宏观环境的变化可能是机遇，也可能是挑战，企业要积极面对，认真研究，宏观环境的调研是企业在生产经营过程中经常要做的市场调研。

1. 人口环境

市场构成三要素，第一要素是人口，人口是构成现实市场销量和潜在市场销量的必要因素。服装企业在调研过程中，需要掌握人口数量、增长情况、年龄、性别结构、家庭结构、地区教育水平、体型特征等。

2. 经济环境

市场构成三要素，第二要素是购买力，地区经济水平决定消费者的整体购买能力。调研当地的经济整体发展水平、就业率、可任意支配收入水平、储蓄状况、购买力水平、消费习惯等。

3. 政治和法律环境

政治和法律环境主要调研服装企业国内外销售的过程中对企业产生影响的国内外政治方针、对外贸易国家政治稳定情况，法律、法规，对外贸易相关政策等。

4. 科学技术环境

科学技术环境对服装市场影响非常大，包括原材料的创新、服装设计、生产工艺的数字化、销售渠道的网络化、企业管理的信息化等。科技的发展使得消费者的需求呈现多样化，人们对服装的需求不再满足穿暖，而是要舒适，要有品味，要能满足不同场合、不同风格的服装产品，从面料到商品的个性化设计、优质的做工到销售的方便快捷、周到的服务，科学技术的快速发展使得消费者的需求和欲望得到极大的满足，企业要全面调研。

5. 自然环境

自然环境的调研包括企业所处的地理环境、气候环境、自然资源环境及生态环境。对于服装企业、消费者所处的自然环境也是十分重要的，这关系到企业开发产品的面料、款式风格、尺寸大小。例如，南北方消费者在服装号型上有明显不同。

6. 社会文化环境

社会文化环境是指一个国家和地区人们的核心价值观、风俗习惯、生活方式、文化传统、宗教信仰等各个方面，这些因素是人们在长期生活过程中逐渐形成的，对消费者的服装购买和使用具有非常大的影响。这些因素能直接影响消费者的购买动机、购买行为，是服装企业市场细分、市场定位及营销策略决策的重要依据。

二、市场需求调研

企业经营的重点是满足消费者需求，市场需求调研是企业在经营过程中要不断进行的调研。

1. 服装产品需求量调研

服装产品需求量调研主要是服装产品的社会需求总量，也就是企业要了解大环境下，纺织服装产品的需求发展趋势，有利于企业分析整个行业大环境，行业环境的良好发展，有利于企业扩大经营。同时，服装企业要根据自己的市场定位，调研本企业目标顾客的需求量，有针对性地制定企业产品策略。

　　服装产品需求量决定市场规模的大小，与服装企业产品覆盖地区的人口环境和经济环境密切相关。

2. 消费者购买能力调研

　　市场构成三要素包括人口、购买力和购买欲望。如果消费者没有购买能力，就不能实现现实消费。消费者购买能力调研包括地区经济发展水平、消费者个人可任意支出收入、消费者的消费习惯、消费者是否愿意超前消费等。

3. 消费者结构调研

　　（1）性别结构。消费者的消费行为特征和性别有着直接的关系。传统意义上将消费者划分为男性市场和女性市场。但随着时代的发展，人们对生活的个性化追求升级，性别结构划分又出现了中性市场。同时，人们在产品的消费过程中，很多传统意义上的女性消费品男性也在用，男性消费品也有女性在使用，许多服装企业在开发新产品时，会淡化性别概念，扩大消费者范围，增加市场需求量。

　　（2）年龄结构。年龄结构是服装企业在细分市场时的一个重要因素。不同年龄的消费者在服装需求上明显不同。服装企业在市场开发和市场转型时，通常会对不同年龄的消费者进行详细分析调研，结合企业特点选择目标人群进行市场开发。

　　（3）职业结构。职业结构是服装企业细分市场时的主要因素。从事不同职业的人，对服装有着不同的审美，其着装的场合不同，同样对服装的品类、面料的需求有差异，企业要结合自己的人群定位，对不同职业人群的服装需求进行市场调研，开发出适合目标人群的服装产品。

　　对于服装企业，消费者的学历结构、家庭结构、体型结构等都有影响，企业在市场调研时应结合自己的调研主题进行选择。

4. 消费者购买行为调研

　　消费者购买行为是指消费者为满足其个人或家庭生活而发生的购买商品的决策过程。消费者购买行为是复杂的，其购买行为的产生是受到其内在因素和外在因素的相互促进、交互影响的。通过对消费者购买的研究，来掌握其购买行为的规律，从而有效地进行服装品牌设计，实现企业营销目标。掌握消费者的购买行为可以采用5W1H的方法，见表4-1。

表4-1　购买决定内容

方法	消费者	服装品牌设计
What	购买服装的款式、风格、颜色	根据需求设计服装
Why	购买服装的原因	设计产品的包装
When	购买的季节	根据购买时间制订生产计划
Where	何处购买	根据消费者购买的地点设计销售渠道
Who	购买的决策者	根据购买的决策者制订促销方案、广告媒体的选择
How	如何购买	根据消费者需求决定配货方式、促销方式

三、营销组合调研

营销组合是指企业的产品、价格、渠道和促销四个方面，也是人们熟知的4P策略。面对不可控的宏观环境，企业可以调整自己的营销组合来应对，以一己之长来取得市场优势。

1. 产品调研

产品调研首先是产品风格理念、流行趋势。对于服装品牌而言，品牌理念和风格的确定，是与消费者有效沟通的前提，是引导消费者形成品牌忠诚度的保证，鲜明的风格特征，也是品牌附加值的保证。为了能更好地形成品牌特色，紧跟时尚潮流、流行趋势的调研分析对服装品牌尤为重要。其包括主题色彩流行趋势、廓形、工艺、面料流行趋势等。图4-2～图4-5所示为2020色彩、工艺、面料、廓形流行趋势（资料来源：POP服装趋势：https://www.pop-fashion.com/trends/material/）。

图 4-2　主题色彩流行趋势

图 4-3　皮质拼接工艺流行趋势

图 4-4　薄纱面料流行趋势

图 4-5　廓形流行趋势

2. 价格调研

价格调研主要是调研消费者对价格的理解。价格是销售的关键，价格没有高低之分，主要是消费者在产品获得和付出之间的比值。在购物过程中，消费者成本包括货币成本、时间成本、体力成本和精神成本。价格调研更多的关注点在于消费者看待企业产品价格时附加值是什么、企业的定价方法和定价策略、竞争对手的价格带、产品不同生命周期价格策略调整、市场环境发生变化时企业的应对策略等。

3. 渠道调研

渠道调研包括企业渠道的覆盖范围，渠道经营模式、品牌竞争对手的渠道经营情况，要对中间商进行全面调研。中间商调研包括中间商市场覆盖能力、销售能力、销售手段、消费者认可程度等。例如，人们的生活节奏越来越快，很多消费者没有时间到实体店购物，许多服装企业就开展线上销售，利用网络店铺、朋友圈、直播平台直播销售等形式，带动企业销量。

4. 促销调研

促销调研包括广告、人员促销、销售促进和公共关系。服装企业需要了解消费者是通过哪种渠道了解本企业服装产品的信息的，信息包括服装面料、风格特点、购买场所、价格等哪种广告传播方式更受消费者喜欢，哪种广告传播方式效果更好、竞争品牌的广告方式、广告播出时间等。消费者更喜欢的人员促销方式、人员促销对促销人员的素质要求等。销售促进的力度、消费者喜欢的销售促进方式、销售促进的效果、销售促进对销售量的影响等。公共关系对树立企业形象的影响程度、公共关系活动的内容、形式等。

四、竞争调研

在服装市场竞争中存在五种竞争力量，即现有竞争者、潜在竞争者、替代品、购买者和供应商。竞争调研包括对这五种力量的调研。其中，现有竞争者的调研是重点，包括竞争者经营的产品品类、风格特点，竞争者的市场定位、产品的差异性，竞争者的价格区间、定价方法、定价策略，竞争者的渠道策略、渠道宽度、长度、中间商的经营能力等，竞争者的促销策略、广告方式、广告媒体、销售促进方式力度等。

≫ 小链接

POP服装趋势网站

POP服装趋势网站https://www.pop-fashion.com/，如图4-6所示。

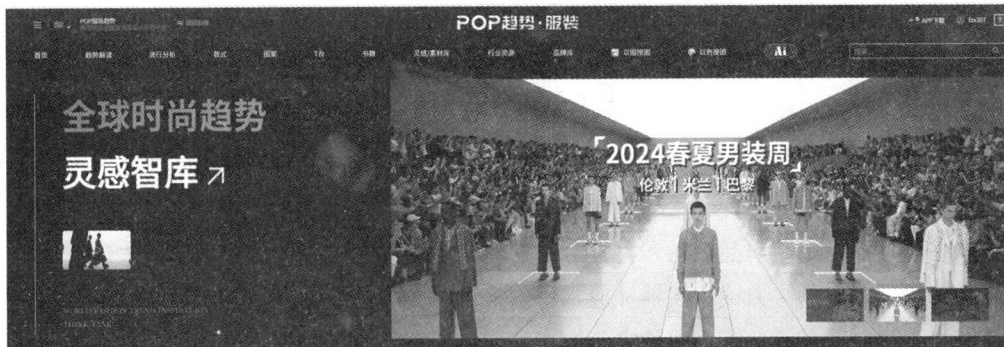

图4-6　POP服装趋势网站

POP服装趋势隶属于逸尚创展（上海）科技有限公司，是逸尚创展旗下高端服装趋势资讯项目，行业内实现资讯趋势O2O模式，通过网站资讯（九大专区、四大板块）与书籍（五大系列）（图4-7）提供准确的方向决策参考、全面深入的信息情报、丰富海量并可实现应用的素材资料，致力打造趋势、款式、面料——所见即所得的"服饰研发必备平台"。

POP团队各类产品的专家及合作的专业趋势机构，确保所预测的趋势内容和分析准确实用。无论您是专注专品类开发还是全品类企划，POP服装趋势都会给您全局方向和专业方案。

（1）遍布全球多方专业趋势机构的消费趋势、新兴潮流研究整合提炼；

（2）囊括数以万计的T台秀场、展会订货会、零售市场、生活街拍时尚报告；

（3）汇集超过40 000个全球品牌，千万级款式及设计素材。

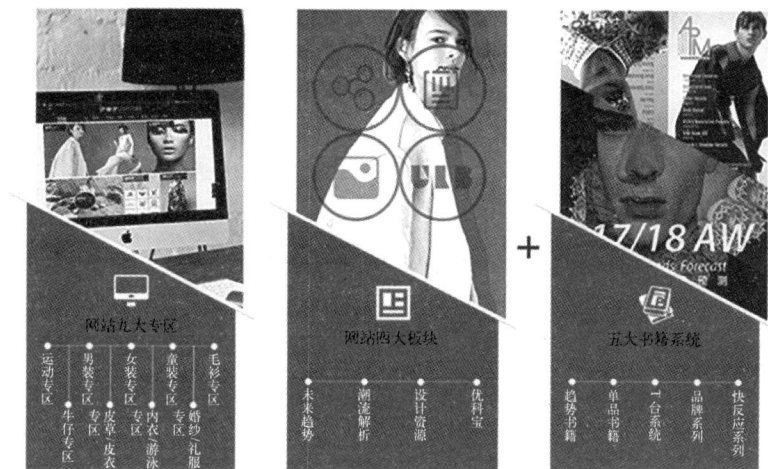

图4-7　网站咨询构成

任务实施

市场调研

调研项目	调研内容	具体内容
宏观环境调研	人口环境	
	经济环境	
	政治法律环境	
	科学技术环境	
	自然环境	
	社会文化环境	
市场需求调研	服装产品需求量	
	消费者购买能力	
	消费者结构	
	消费者购买行为	
营销组合调研	产品调研	
	价格调研	
	渠道调研	
	促销调研	
竞争调研	竞争者产品、价格、渠道、促销	

任务三　实施服装市场调研

任务目标

1. 掌握服装市场调研方法。
2. 熟练应用访问、问卷调研法。
3. 培养分析问题、解决问题，与陌生人沟通交流的能力。

任务描述

　　学生以小组为单位，分工合作，实施访问调研，完成网络调研记录，在问卷网设计问卷，并实施网络问卷调研。

知识准备

【微课】服装市场
调研问卷法

【课件】实施服装
市场调研

　　市场调研信息包括一手资料和二手资料两种。一手资料又称原始资料，是指市场调研人员通过实地考察得来的原始资料；二手资料也称现有资料，是指经他人收集或整理过的资料，包括企业的内部资料和外部资料。

一、文案调研法

　　文案调研法又称二手资料调研法或文献调研法，是指通过查找现有企业内部、研究成果、统计资料等外部现有资料，对调研内容进行收集、整理和分析的一种调研方法。这种方法的优点是成本较低、资料容易查找、耗时短、资料收集范围广等；缺点是可信度低、时效性差。

（一）文案调研的途径

1. 企业外部资料的收集

企业外部资料是指来源于企业外部的各种信息资料的总称。企业外部资源包括：各统计部门与行业协会公布的相关资料；国内外公开发行的出版物；各地广播电视提供的市场信息；各种国际组织、商会所提供的国际市场信息；国内外各种博览会、展销会、交易会和订货会；各种信息中心和信息咨询机构提供的市场信息资料等。

2. 企业内部资料的整理

企业内部资料是指资料来自企业内部，也就是企业内部人员所掌握的企业信息和资料。其主要包括业务资料、财务资料、统计资料及企业累积的各种调查报告、工作总结等。解决服装企业市场营销问题时，往往先从企业内部资料分析入手。例如，服装企业在准备向市场推出新品时，先要对上一季服装的销售额，不同品种、色彩、款式产品的销售情况，产品成本、销售价格及批发商、零售商和顾客的信息反馈等各种数据进行整理分析，以便决定新一季推出服装的品种和产品组合。

（二）实施文案调研的一般步骤

（1）明确需要调研的信息资料。

（2）分析现有资料，确定收集信息的内容。

（3）确定资料的来源和查找的途径、方法。

（4）资料收集、筛选与分析评价。

（5）资料的整理。

二、访问调研法

访问调研法也称访谈法，是指访问者通过口头交谈方式，或通过邮寄、电话、问卷、座谈及个别访问形式，向被调查者收集市场资料或探讨市场问题的一种方法，是基于问答模式获取和收集信息的方法。

人员访问调研法是调查者与被调查者通过面对面的交谈方式，获取一手资料的调研方法。可以采用结构化的访问和非结构化的自由交谈方式。根据访问场所的不同又可分为入户访问和拦截访问。

1. 人员访问的优点

人员访问由于是面对面交流，往往能够获得较高的回答率，回答问题完整；在调查过程中，可根据被调查者的性格特征、心理变化、对访问的态度及各种非语言信息，灵活调整询问方式和内容；获得信息的可靠性较高；所获信息具有针对性，可以通过交互式的交流方式迅速获得调查员所需要获得的信息。

2. 人员访问的缺点

（1）访问成本是所有调研方法中最高的。成本包括调查者的培训费、交通费、调研提纲制作费等。

（2）获取访问对象的难度大，样本的选取受时空约束较强，由于调查员要直接与被调查者面对面交流，会受到调查双方所在地理区域的影响。

（3）对调查人员的素质要求较高，需要调查员具有较高的相互交流、资料收集和整理的能力，调查结果的质量很大程度上取决于调查者本人的访问技巧和应变能力。

（4）调研周期长，拒访率高。

>>> 小链接

女装流行趋势访谈提纲

一、访谈主题：女装流行趋势

二、调研人员：

三、访谈地点：学校工作室

四、访谈对象：设计师、专业教师

五、访谈时间：　年　月　日

六、访谈内容：

访谈开场语：

您好，我们是大一学生，今天来这里做一个关于女装流行趋势的调研访问。此次访谈最多耽误您几分钟的宝贵时间。本次访谈主要通过问答形式进行，访谈内容将进行严格保密！为保证访谈的有效性，请真实回答每个问题，如果没有疑问，我们就开始吧！

1.您对流行趋势有什么看法？

2.您是通过何种渠道了解流行趋势的？

3.消费者在选择服装产品时是否很关注流行趋势？

4.您在设计作品中是如何切入流行趋势的？

……

再次感谢您的配合，祝您生活愉快！

三、观察调研法

（一）观察调研法的概念

观察调研法是指调研人员亲自到调研现场，凭借自身观察或借助相关仪器，在调研现场对被调查者的情况进行直接观察和记录，取得有关消费者行为特征的第一手信息资料的一种方法。该方法不受被调查者的影响，但只能观测到被调查者的外部行为，无法了解其内在的动机，因此，调研的资料具有较大的主观性。

（二）观察调研法的分类

（1）按观察者置身于观察活动中的深浅程度划分，可分为完全参与、半参与和非参与观察三种形式。完全参与观察是调研人员长期生活在被观察的群体中，甚至"隐瞒"或改变自己的身份，成为群体中的一员，完全进入角色并被当成"自己人"。半参与观察是指调研人员不改变身份的进入群体中，观察者的身份虽然显露，但他至少被群体中的人视为可接纳或可容忍的"客人"。非参与观察是指观察者以旁观者的身份，置身于调查对象群体之外进行的观察。采用非参与观察，一般有近距冷淡法和远距仪器法两种方法。

（2）按观察结果的标准划分，可分为控制观察和无控制观察两种类型。控制观察是指观察对象、观察范围处在某种程度上人为控制的环境中的观察，适用于因果性调查；无控制观察是指观察对象处在完全自然的环境中的观察，适用于机会调查或探索性调查，或有深度的专题调查。

（3）按观察的具体形式划分，可分为顾客观察法、环境观察法、痕迹观察法和仪器观察法。

1）顾客观察法：是直接观察的一种方法，是指调研人员在商场秘密观察、跟踪、记录顾客的行为和举止，并将观察记录的结果汇总，总结出顾客的消费行为、偏好、心理特征等。

2）环境观察法：又称"神秘购物法"或"伪装购物法"，是指调研人员装扮成普通顾客介入活动之中，收集有关商店、雇员与顾客的信息资料的一种方法。

3）痕迹观察法：是指调研人员提供观察被调查对象留下的收集痕迹，获取某方面信息的一种方法。

4）仪器观察法：是间接观察的一种方法，由于很多场合不适合调研人员亲临现场，因此，需要通过录音机、照相机、摄像机、红外线探测器、IC卡智能机及其他监听、监视设备对顾客进行观察。

四、问卷调研法

问卷调研法是指通过结构化的问卷向消费者了解有关服装信息的方法，是企业进行实地调查、收集第一手市场资料的最基本的工具。问卷调研法的成本较低，调研对象广泛，针对性较强，调研问卷中可涉及的问题较多，并且针对性强，可根据调研目的设计问题。问卷调研通常包括问卷设计、问卷派发、问卷回收、数据编辑与整理、总结报告等几个环节。

调研问卷一般可分为两种类型：第一种自填式问卷，是将问卷交到被访问者手中，由被访问者自行填写，然后由研究者收回；第二种访问式问卷，是由访问员将研究问题按要求读给对方听，由访问员将被访问者的回答填写在卷子上。

（一）问卷的组成

问卷一般由标题、卷首语、主体和结束语组成。

（1）标题。标题反映调研问卷的研究主题，标题的选择要求语言简练，文字须简明易懂，使被调查者对调研内容有一个大致了解，激发被调查者的参与兴趣。

（2）卷首语。卷首语是调研问卷的说明。其内容应该包括调查的目的、意义和主要内容，选择被调查者的途径和方法，填写问卷的说明，回复问卷的方式和时间，调查的匿名和保密原则，以及调查者的名称等。为了能引起被调查者的重视和兴趣，争取他们的合作和支持，卷首语的语气要谦虚、诚恳、平易近人，文字要简明、通俗、有可读性。卷首语一般放在问卷第一页的上面，也可单独作为一封信放在问卷的前面。

（3）主体。主体是调研问卷的核心部分，包括调查的问题和回答的方式，以及对回答的指导和说明等内容，它由一个个问题及相应的选择项目组成。通过主体部分问题的设计和被调查者的答复，市场调查者可以对被调查者的个人基本情况和对某一特定事物的态度、意见倾向及行为有较充分的了解。

（4）结束语。结束语可以只是简短地对被调查者的合作表示真诚的感谢，记录调查人员姓名、调查时间、调查地点等。也可以征询对问卷设计和问卷调查本身有何看法与感受。结束语要简短明了，有的问卷结束语也可以省略。

（二）问卷的设计步骤

（1）事前准备阶段。事前准备阶段是根据所要调研的主题和目的，对已经收集的二手资料进行进一步分析和研究，确定需要调研资料的内容。在这个过程中要把握调查的目的和内容，收集有关调查所需要的资料，确定调研方法的类型。

（2）初步设计阶段。在准备阶段的基础上，设计者可以根据设计原则设计问卷的初稿，包括问题的设计、备选答案的设计及问卷格式、版面的设计等。

（3）试调研和修改。问卷初稿一般都会有不完善的地方，在进行大规模调研之前，需要在小范围内进行试调研，根据初步调研情况的反馈，进行调研问卷的修改和完善。

（4）格式编排。最后定稿后的问卷要进行格式编排，如请注意的地方或指导语应采用与问题不同的字体，问题与答案要有间隔，问卷看上去应该层次清晰、卷面工整等。

（三）问题的种类、结构和设计原则

（1）问题的种类。调研问卷中问题的设计是在对调研主题分解的基础上确定下来的，是反映问卷的核心概念，问卷中的每个问题都必须围绕这些核心概念进行设计。对于服装品牌设计中对服装市场进行的调研问卷设计，应包含以下几类问题：

1）被调研者个人情况，包括年龄、性别、职业、收入、文化程度等个人信息。

2）对选购服装的偏好。调研选购服装时对服装颜色、款式、面料、细节、配饰等方面的喜好及关注程度。

3）被调研者的消费经历，包括对服装消费种类的认识、服装品牌的认识、对服装的态度、服装的消费观念等，获取服装信息的途径。

4）购买行为的调研，包括购买服装的决策者、购买的动机、购买服装的渠道、购

买时机促销手段的影响等方面

5）社会环境对购买行为的影响，包括政治、经济环境是否对个人购买行为有影响，流行趋势的影响等。

（2）问题的排列。问题的排列组合方式，是问卷设计的一个重要问题。为了便于被调查者回答问题，同时，也便于调查者资料的整理和分析，设计的问题一般可采取以下几种方式排列：

1）按问题的性质或类别排列。

2）按问题难易程度排列。好的问卷应将易于回答的问题排列在前面，由易入难。

3）按问题的时间顺序排列。应该调查事物的过去、将来、现在的历史顺序来排列问题。

（3）设计问题的注意事项。

1）设计问题使用的概念要具体，一项提问只包含一项内容。

2）问卷中所提的问题，应围绕调研的目的来编制。

3）设计问题应该是中立的、客观的，避免诱导性问题和倾向性问题。

4）设计问题不要超过被调查者的知识、能力范畴。

5）注意询问语句的措辞和语气。

（四）回答的方式及其说明

1. 开放型

开放型回答是指问卷中只提出问题，不提供任何备选答案，由被调查者自由作答的问题。

开放型回答的最大优点是可以收集广泛的、各个方面的资料，特别适用于那些答案很多的问题。同时，它有利于发挥被调查者的主动性和创造性，使他们能够自由地表达意见。可以发现被调查者是否清楚问题的本质，减少误差。开放型回答的缺点是回答的标准化程度低，整理和分析比较困难。同时，它要求被调查者有较强的文字表达能力，可能会由于被调查者不愿意填写而收回率低。

2. 封闭型

封闭型回答也称固定选项问题，是给出固定选项，被调查者从给出的选项中进行选择，是较为常用的一种问题类型。封闭型回答有以下几种具体方式：

（1）两项式，即只有两种答案可供选择的回答方式。

（2）多项选择式，即列出多种答案，由被调查者自由选择一项或多项的回答方式。多项选择式适用于有几种互不排斥的答案的定类问题。在几种答案中，可规定选择一项。

（3）顺序式，即列出若干种答案，由被调查者给出各种答案排列先后的回答方式。

（4）等级式，即列出不同等级的答案，由被调查者根据自己的意见或感觉选择答案的回答方式。

（5）矩阵式，即将同类的几个问题和答案排列成一个矩阵，由被调查者对比着进行回答的方式。这种回答方式适用于同类问题、同类回答方式的一组定序问题。

（6）表格式，即将同类的几个问题和答案排列成一个表格，由被调查者回答的方式。

封闭型回答有许多优点，它的答案是预先设计的，可以事先编码，有利于后期的归类整理；可以提高问卷的回复率，被调查者只需选择备选项，不需要过多地考虑，节省时间。封闭型回答还有利于询问一些敏感问题，被调查者对这类问题往往不愿意写出自己的看法，但对已有的答案却有可能进行真实的选择。封闭型回答的缺点是设计困难，很难将答案整理周全；它的回答方式比较机械，难以发挥被调查者的主观能动性；有可能导致被调查者随便选择答案，从而降低回答的真实性和可靠性。

3. 混合型

混合型回答又称半封闭式回答，为了克服封闭型回答方式的缺点，吸取开放型回答方式的优点，于是就出现了半封闭半开放的回答方式。

这种回答方式综合了开放型回答和封闭型回答的优点，同时避免了两者的缺点，具有非常广泛的用途。

>>> 小链接

问卷调研

本次课程采用网络调研，以问卷星为例进行问卷设计及问卷调研。

第一步：进入问卷星首页，注册（图4-8）。

图 4-8　注册

第二步：创建调查问卷（图4-9）。

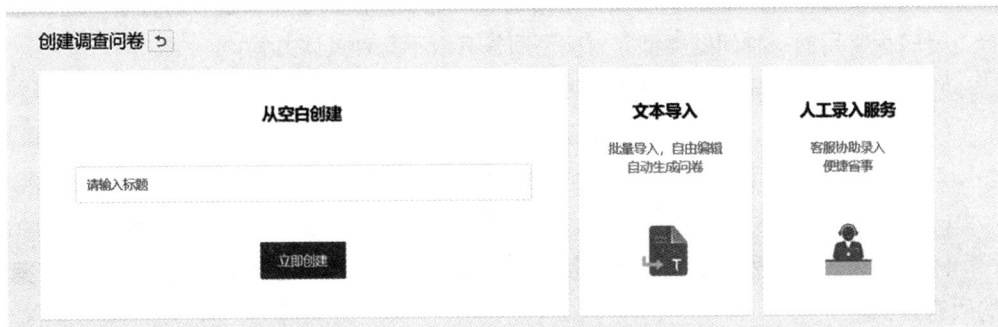

图 4-9　创建调查问卷

第三步：输入调研题目进行问题设计（图4-10）。

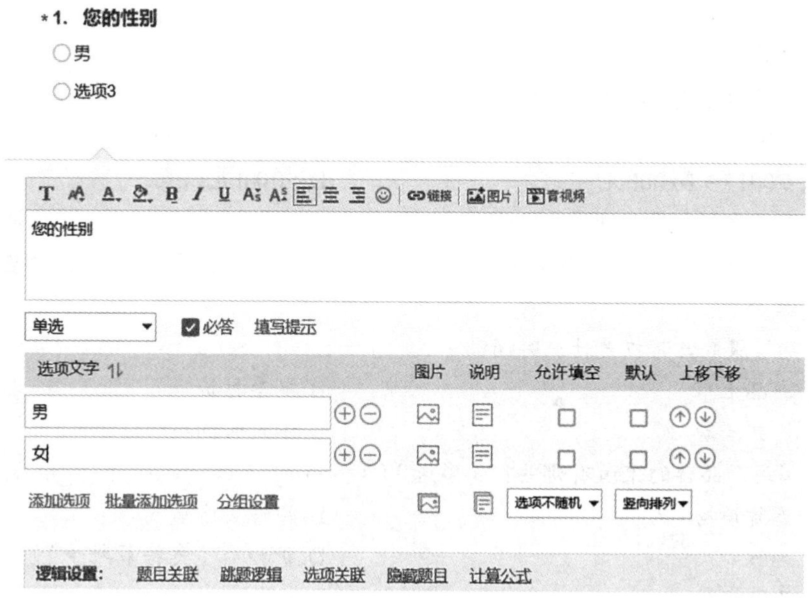

图 4-10　输入调研题目进行问题设计

第四步：完成问卷设计，并发布（图4-11）。

图 4-11　完成问卷设计，并发布

| 调查问卷样例 |

关于服装消费的调查问卷

尊敬的消费者您好！为了更好了解消费者需求，制定出符合市场需求的营销策略，特做此次调研！请您花费几分钟的时间认真完成问卷。本次调研的所有数据仅限用于校内课程研究，请您放心填写，谢谢您的配合！

1.您的性别是什么？（　　　）

A.男性　　　　　　　　　　　　　　　　　B.女性

2.您的年龄是多少岁？（　　　）

A.18岁以下　　　　　　B.19～30　　　　　　C.31～40　　　　　　D.41以上

3.您的职业是什么？（　　　）

　　A.在校学生　　　　　　　　　　　　B.普通职员

　　C.公务人员　　　　　　　　　　　　D.管理层人员

　　E.自由职业者

4.您每月的可支配收入是多少？（　　　）

　　A.2 000元以下　　　　　　　　　　B.2 001～5 000元

　　C.5 001～10 000元　　　　　　　　D.10 001元以上

5.您平时更倾向于哪种穿衣风格？（　　　）

　　A.运动休闲　　　　B.职业　　　　　C.时尚街拍风　　　　D.嘻哈风

　　E.淑女

6.您购买服装的时机是什么时间？（　　　）

　　A.新品上市　　　　　　　　　　　　B.换季打折

　　C.促销活动　　　　　　　　　　　　D.不定时购买

7.购买运动品牌的渠道有哪些？（多选）（　　　）

　　A.百货商场　　　　　　　　　　　　B.品牌实体店

　　C.App　　　　　　　　　　　　　　D.折扣店（奥特莱斯等）

　　E.品牌官网　　　　　　　　　　　　F.代购

8.如果您是线上购买，您最常使用哪个网站？（　　　）

　　A.淘宝　　　　　　B.京东　　　　　C.得物　　　　　　　D.小红书

　　E.抖音　　　　　　F.拼多多

9.通过何种渠道了解服装产品信息？（　　　）

　　A.广告　　　　　　　　　　　　　　B.亲朋好友

　　C.商场橱窗　　　　　　　　　　　　D.品牌推广信息

10.您喜欢的服装色系是什么？（　　　）

　　A.彩色系　　　　　B.浅色系　　　　C.深色系　　　　　　D.黑白系

11.您每月购买服装的平均花费是多少？（　　　）

　　A.400元以下　　　B.401～900元　　C.901～1 500元　　　D.1 500元以上

12.您购买产品时更注重什么？

　　A.设计是否新潮　　B.价格是否合适　　C.舒适度　　　　　　D.品牌

13.您认为最有效的宣传方式是哪种？（　　　）

　　A.明星代言　　　　　　　　　　　　B.杂志广告

　　C.橱窗展示　　　　　　　　　　　　D.熟客的口碑

14.您购买服装最倾向哪种优惠方式？（　　　）

　　A.打折　　　　　　B.赠品　　　　　C.返购物券　　　　　D.积分兑换

15.您在做出购买决策时容易受哪些因素影响？（　　　）

　　A.产品价格过高　　　　　　　　　　B.店员的服务态度

　　C.家庭成员的意见　　　　　　　　　D.同行朋友的意见

16.您对服装款式设计有哪些建议？（　　　）

调研时间：　　　　　　　　调研地点：　　　　　　　　调研人：

一、访谈记录

访谈记录表

访谈主题	
访谈人员	
访谈对象	
访谈时间	
访谈记录	问题1： 访谈记录： 问题2： 访谈记录：

二、问卷设计及调研

请学生完成问卷设计，并在网络发布问卷，每组进行不少于 100 份问卷调研。

任务四　撰写调研报告

任务目标

1. 了解资料整理过程。
2. 能够结合调研资料，撰写调研报告。
3. 培养全局思维。

任务描述

学生以小组为单位，分工合作，完成文字资料的整理和问卷调研的数据整理，撰写调研报告。

【微课】
撰写调研报告

【课件】
撰写调研报告

一、资料的整理

1. 文字资料的整理

市场调研中的文字资料有两大类：第一类为一手资料即实地观察、访问的记录；第二类为二手资料，即收集的各种历史文献资料。

所谓编辑、审查，就是通过仔细推究和详尽考察，来判断、确定文字资料的真实性和合格性，剔除不可靠、不准确及与调查目的无关的资料，使剩余资料为可靠的、有参考价值的资料。

2. 数字资料的整理

数字资料的整理过程包括检验、分组、汇总、制表。

二、市场调研报告的撰写

市场调研报告是调研工作的最终成果，也是调研水平的最终检验，是研究人员经过对某个或某类现象认真分析研究后，写成的一种书面报告。市场调研报告的基础是收集到的一手和二手资料经过整理分析的结果，同时，又有其特殊的格式、要求和内容。

（一）市场调研报告撰写的程序

市场调研报告的撰写一般要经过以下程序：确定中心主题、筛选资料、构思提纲、撰写调研报告、完善修改。

1. 确定中心主题

调研报告的中心主题是调研报告的中心思想，决定调研结果的成败。调研报告的主题和调研主题必须是高度一致的，并且与标题协调一致，避免文题不符。

2. 筛选资料

在调研过程中，尽管人们得到了大量较为系统、完整的调研资料，但是，在撰写调研报告时仍然需要人们进行认真筛选。其原则如下：

（1）应着重选取与中心主题有关的材料，认真分析，提取数据，去掉无关的、次要的、非本质的材料。

（2）在选取的过程中，坚持材料的统一性，材料不但要支持报告中的观点，而且要相互支持，前后统一。

（3）在选取的过程中，尽量选用能突出中心主题的数据和资料，使报告具有说服力。

3. 构思提纲

调研报告的提纲有两种：一种是观点式提纲，将调查者在调研过程中形成的观点按照逻辑关系逐一地罗列出来，形成调研提纲；另一种是章节式提纲，即按照章、节将调研提纲一条条写出来，层次递进，表达清楚。也可以将这两种提纲结合起来。

4. 撰写调研报告

撰写调研报告是要根据已经确定的中心主题、筛选好的材料和写作提纲，进行调研报告的最后撰写工作。在这些过程中，要注意结构合理、文字规范、通俗易懂，尽量避免使用大量专业性过强的语言。在报告中，要运用数字、图表来说明调研的准确性和大量一手资料的应用，语言简洁、生动。

5. 完善修改

调研报告撰写完成以后，要认真核实修改、最后上交。

（二）市场调研报告的结构

（1）标题。市场调研报告的标题要求与调研报告的内容融为一体，是调研报告内容的高度概括。调研报告的标题是用精练、简洁的文字呈现调研报告的主题思想。有的调研报告采用正、副标题形式。

（2）前言。前言是市场调研报告的开头部分，主要阐述调研主题的基本情况，一般说明市场调研的目的和意义，主要包含三个方面内容：一是介绍组织调研的目的；二是介绍市场调研工作组织情况，包括市场调研的时间、地点、内容和对象；三是采用的调研方法、方式。

（3）主体。主体是市场调研报告中的主体部分，是表现调研报告主题的重要部分。这一部分的撰写直接决定调研报告的质量高低和作用大小。在主体部分中必须准确阐明全部有关论据，包括调研问题的提出到最后得出的结论，以及中间论证的过程，使用何种方法进行论证等。主体部分要客观、全面地阐述市场调研所获得的材料、数据，用它们来说明有关问题，得出有关结论。

（4）结论与建议。结论与建议是撰写调研报告的主要目的，是前面报告内容的总结，主要是形成市场调研的基本结论，即对市场调研的结果作一个小结，提出了解决某一具体问题可供解决的方案与建议。

（5）附件。附件是指调研报告包含不了或没有提及，但与正文有关，必须附加说明的部分。它是对正文的补充或更详尽说明，包括数据汇总表及原始背景材料和必要的工作技术报告。

>>> 小链接

关于西装的调研问卷分析

一、调研目的：为了更直接地了解广大消费者对西装的了解程度和喜爱程度，为了对目标市场进行选择分析，为了能深入地了解消费者对西装消费状况，了解目前市场前景，为营销大作业提供一手资料。

二、调研对象：网络上的消费人群

三、调研方式：网络问卷调查

四、调研说明：本次网络调查问卷一共收集了105份，通过微信转发朋友圈，分享到群聊的方式进行调查。

五、问卷分析（样例）

1. 您的性别是 □男 □女

调研对象总体女性人数高于男性人数，女生占比高达63%（图4-12）。

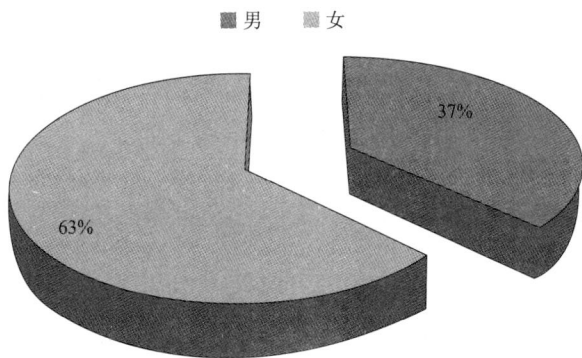

图 4-12　男女人数比例图

2. 您平时购买以下什么种类的服装偏多 □连衣裙 □西装 □T恤 □牛仔裤 □其他

T恤的购买人数占比47%，其次是连衣裙和西装，说明西装还没有成为人们日常穿着打扮首选。其次是因为季节，因此在春、夏季节可以推出一些薄款西装（图4-13）。

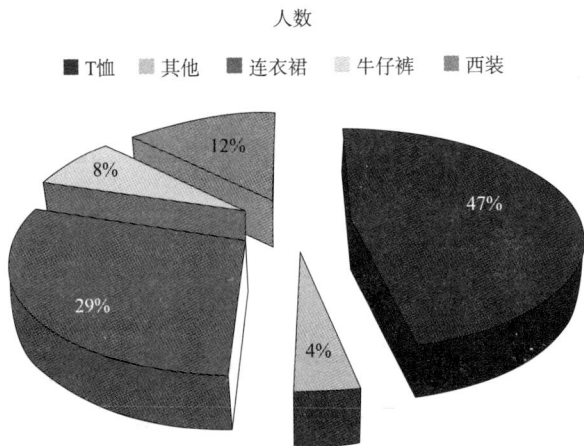

图 4-13　服装种类购买人数比例图

总结:

（1）调研对象总体女性人数高于男性人数，调研对象主要为18～28岁的学生。

（2）在大部分调研对象中衣服支出的金额比较多，购买T恤的偏多。

（3）在大部分人里还是把西装当成职业装，但还是很愿意接受西装"时尚化"。

（4）人们在购买西装时款式和价钱是重要的考虑因素。

（5）相比于其他的宣传方式，明星代言更受消费者喜爱，消费者还是更愿意在实体店购买西装。

综合所有数据，西装在渐渐地走进大众视线，不再是从前那样刻板、昂贵的服装，相反正在向时尚、普遍迈进，所以西装正在高速发展中也许在不久的将来西装彻底打败原有的格局，以一种崭新的面貌出现在大众视野。

感谢此次调查问卷中配合我们工作的网友们!

任务实施

一、资料整理

文字资料整理	
访谈调研整理	
调研问卷分析整理	

二、调研报告撰写

	标题	
前言	调研目的	
	调研组织工作	
	调研方法	
主体		
结论与建议		
附件		

教师评价表（教师评价占学生成绩的70%）

考核项目：			班级：	
团队名称：			成员：	
考核任务	考核内容		分值	总分
市场调研前准备工作（10分）	主题明确、调研目的清晰、人员分工明确、有应急处理方案、各阶段任务明确			
调研内容（10分）	调研内容全面，能够有针对性地对各部分内容进行调研分析			
访谈、问卷（20分）	访谈提纲、问卷设计合理、内容全面，能够覆盖策划所需提供的资料，选取调研样本全面、合理			
资料整理（15分）	资料整理全面、有针对性，文字资料整理完整系统，针对问卷整理、分析数据，有理有据			
调研报告撰写（35分）	调研报告结构清晰，能够涵盖调研内容，资料和观点相统一，语言简洁明确，有结论，有前瞻性，能够为策划方案所用			
团队合作（5分）	具有团队合作精神，分工明确，互相配合			
处理问题能力（5分）	有应急预案，能够处理调研过程中突发问题			

小组成员互评表（小组成员互评占学生成绩的30%）

考核项目：			班级：	
考核成员：			被考核成员：	
考核任务	考核内容		分值	总分
承担任务完成情况（40分）	能够较好地完成团队分配任务，内容完善，有始有终，及时完整			
团队合作能力（20分）	有较好的合作配合、组织领导能力			
处理突发问题能力（20分）	能够解决处理突发问题，及时沟通			
个人能力（20分）	对问题有想法，有前瞻性，能够提出建设性建议			

项目五
服装市场细分和定位

项目导入

STP 理论由市场细分、目标市场选择和市场定位三部分组成。服装企业根据细分变量对服装市场进行细分，结合企业特点有针对性地选择目标市场，并将企业差异化定位传达给目标消费者。

学习目标

知识目标：

1. 掌握市场细分的细分变量。

2. 掌握目标市场覆盖模式及进入目标市场的营销策略。

3. 掌握市场定位的方法及进入方式。

能力目标：

1. 能够完成目标品牌的市场定位调研，并反推其市场细分因素，策划虚拟品牌市场细分变量。

2. 能够对目标品牌进行目标市场覆盖模式、进入市场营销策略分析，并结合虚拟品牌情况，进行市场覆盖模式、进入市场营销策略策划。

3. 能够对目标品牌市场定位进行分析，对虚拟品牌进行市场定位策划。

素养目标：

1. 培养学生提出问题、分析问题和解决问题的能力。

2. 培养学生面对复杂情况，能够选择特定变量进行机会分析的能力。

3. 培养学生面对多种市场机会的情况进行取舍的能力。

4. 培养学生在学习、工作、生活中给自己进行定位的能力。

哥弟女装市场定位

哥弟女装（图5-1）是1977年创建于我国台湾的品牌，品牌精神是塑造兄弟间同心同德、艰苦创业，秉承"四海之内皆兄弟"的理念。

图 5-1　哥弟女装店铺

哥弟女装是市场细分和定位成功的服装品牌之一。

哥弟女装在市场细分过程中将消费者年龄定位为30～45岁的年龄段。这一年龄段的消费者是服装消费的中坚力量，也是中高档服装消费的主要人群，这一群体具有较强的经济实力，有较强的购买欲望，对服装穿着有着较成熟的观念。

哥弟女装的定位为30～45岁的女性，这一部分消费者可以概括为"两有两没有"，有经济实力、有追求时尚的心，没有身材、没有时间。这一部分人群生活稳定，有稳定的经济收入，有穿衣品位，希望走在时尚前沿，没有大量的时间去寻找时尚，同时传统的穿衣观念和不完美的身材将她们阻隔在流行之外。哥弟女装的定位刚好满足了这部分消费者的需求。为她们提供了工作、休闲、交友等不同场合的穿着，从产品设计、市场工艺到终端销售都从这部分消费者角度出发，获得了这部分消费者的肯定，将她们吸引成为自己的忠实顾客，取得销售上的成功。

案例思考：哥弟是如何进行市场细分的？市场定位是什么？

任务一　细分服装市场

1. 掌握目标市场细分步骤及细分变量。
2. 调研目标品牌的市场定位，反推其市场细分变量。
3. 面对复杂情况，能够选择特定变量进行机会分析。

团队成员调研目标品牌的市场定位，反推其市场细分变量，结合分析结果，策划虚拟品牌的市场细分变量，并对服装市场进行细分。

【微课】
服装市场细分变量

【课件】
细分服装市场

一、服装市场细分的定义

市场细分是美国市场学家温德尔·史密斯（Wendell R. Smith）于 1956 年提出来的。顾客需求的差异性是市场细分的内在依据，企业资源的限制和进行有效的竞争是市场细分的外在强制条件。

服装市场细分（Clothing Market Segmentation）是服装企业按照细分标准，采用适当的方法，找出影响消费者购买特定产品的关键性因素，将一个产品的整个市场分隔成数个较小的同质群体，并为其提供不同标准的产品和服务的消费者群体的过程。

从服装市场细分概念可以看出：服装市场细分的客观依据是现实及潜在消费者对服装产品需求的差异性；服装市场细分的对象是消费者群体，而不是服装产品本身；服装市场细分是一种存大异、求小同的市场分类方法；服装市场细分的目的是帮助服装企业发现和评价市场机会，以正确选择和确定目标市场。

二、服装市场细分的步骤

服装市场细分由市场细分、目标市场选择和市场定位三个步骤组成（图5-2）。

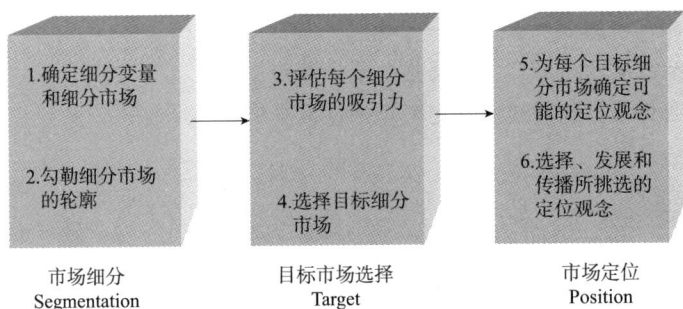

图 5-2　目标市场细分的步骤

（1）市场细分：服装企业要选对整个服装市场进行市场调研，了解服装市场的现状，然后按照地理特征、人口因素、社会心理因素和行为因素对服装市场进行细分，将整个大的服装市场细分为若干个具有同质性的小市场。

（2）目标市场选择：服装企业面对细分市场，结合企业自身资源，做 SWOT 分析，找出企业机会和成功概率大的细分市场，作为企业的目标市场进行开发，企业可以根据自身实力和资源，开发一个或几个细分市场。

（3）市场定位：服装企业选定目标市场以后，要对目标市场进行定位描述，然后通过广告等各种形式传递给消费者。

案例：商店卖的工具都是右手使用的工具。一德国人分析这个现象：有些工具左撇子用不了；德国人 11% 是左撇子；左撇子希望买到符合心意的工具。于是，他开了一间左撇子工具公司，生意兴隆。这个德国人是怎样细分市场的？

三、服装市场细分的变量

服装市场细分是对消费者的细分，消费者需求的差异性是市场细分的内在依据。引起消费者需求差异的变量很多，不是单一变量。服装企业在对整个服装市场进行细分时采用的变量也是组合变量。市场细分变量见表 5-1，具体包括地理变量、人口变量、社会心理变量和行为变量。

表 5-1　市场细分变量

细分变量	二级变量	细分内容
地理变量	地理区域	国内、国外；北方、南方；东部、西部；东北、华南、华北等
	城市规模	一线城市、二线城市、三线城市
	人口密度	集聚核心区、高度集聚区、中度集聚区和低度集聚区
	气候	热带季风气候、亚热带季风气候、温带季风气候、温带大陆气候等
人口变量	性别	男性、女性、中性
	年龄	婴儿期（0～3岁）、幼儿期（3～6岁）、儿童期（6～11、12岁）、少年期（11、12～14、15岁）、青年期（16～35岁）、成年期（35～60岁左右）、60～79岁为老年期，80～89岁为高龄期，90岁以上为长寿期
	家庭生命周期	单身青年期、新婚期、满巢期、空巢期和丧偶独居期
	家庭成员数量	1～2，3～4，5人以上
	月收入	2 000元以下，2 000～4 000元，4 000～8 000元，8 000～15 000元，15 000元以上
	职业	机关工作人员、专业技术人员、教师、私营业主、学生、军人、技术工人、农民、家庭主妇等
	教育程度	小学、初中、高中、职业技术学院、大学本科、硕士研究生、博士研究生等
	宗教	佛教、天主教、基督教、道教、伊斯兰教等
社会心理变量	社会阶层	贫困阶层、温饱阶层、小康阶层、中产阶层、富裕阶层、富豪阶层
	生活方式	城市生活方式、农村生活方式；现代生活方式、传统生活方式
	个性	完美型、助人型、成就型、艺术型、智慧型、忠诚型、活跃型、领袖型、和平型
行为变量	使用场合	工作场合、家庭场合、社交场合、户外、运动场合
	追求利益	质量、价格、品牌、方便
	使用者状况	潜在使用者、初级使用者、经常使用者、品牌忠诚者
	购买时间	换季购买、节假日购买、新品上市购买、需要时购买

1. 地理变量

地理细分变量包括地理区域、城市规模、人口密度、气候等因素。企业根据这些因素来细分市场，满足不同区域消费者对产品的需求。生活在不同地理区域的消费者，由于气候、传统文化、经济发展水平不同，产品需求不同。例如，在我国北方，冬季人们需要大量的保暖服装，如羽绒服、棉衣、皮衣等度过寒冷的冬季，而在南方，人们一年四季都穿着单薄的服装。城市规模和人口密度也常常是服装企业细分市场的重要因素，一些知名服装品牌会将自己的专卖店首先设在人口密度大、城市规模大的一线城市，在逐渐发展到二线、三线城市，而一些地方品牌，往往会首先立足在自己的小城市，随着品牌的发展再逐渐扩展到大城市中。

2. 人口变量

人口变量一直是消费者市场细分的最主要变量，尤其是对于服装企业，服装消费者对服装产品的需求差别受消费者的性别、年龄、收入、职业、教育程度等因素影响较大，且细分变量人群内部的消费者又具有共性，同时，人口细分变量具有可衡量性和易操作性。

（1）性别。性别是影响消费者购买的重要因素，很多商品在用途上具有明显的性别特征，特别是在服装、美容美发、化妆品、手表和洗涤用品等市场上，性别直接影响消费者对产品的选择。近年来，随着经济的发展，人们生活水平的提高，将性别作为细分市场变量的商品类别越来越多，例如，有一些汽车企业会针对女性消费者开发适合女性消费者的汽车，在商品内饰、颜色、外观等方面开发符合女性消费者的产品。

除传统的男性、女性市场外，近年来，中性市场也被很多企业在市场细分中作为目标市场进行开发。

（2）年龄。由于不同年龄阶段的消费者，对消费品的需求有很大的区别，加上不同年龄阶段消费者的生理特点、经济收入、性格爱好、工作性质等不同，对消费品的需求往往存在很大的差异。因此，企业通常会将年龄因素作为细分市场的重要因素。对于服装市场而言，年龄不同需求差别更大，服装市场按照年龄细分可分为婴幼儿服装、儿童服装、青少年服装、青年服装、中年服装、老年服装市场等。女装市场年龄阶梯更小，青年女装还可分为少女装和熟女装。许多服装品牌会根据消费者年龄层次的不同开发不同的产品线。

（3）家庭生命周期和家庭成员数量。家庭生命周期和家庭成员数量也是许多企业细分市场的变量。许多消费品的购买是与这两个变量相关的，如家用电器、食品、住宅、汽车等。家庭生命周期可分为单身青年期、新婚期、满巢期、空巢期和丧偶独居期。

（4）收入。消费者的收入直接影响消费者的购买能力。收入是企业细分市场的主要因素。根据消费者收入水平的高低，可将消费者划分为超高收入、高收入、中等收入、低收入、超低收入五个群体。不同收入的消费者购买产品的种类和档次不同。超高收入的消费者往往是游艇、豪车、珠宝首饰、名人字画等的购买者，而超低收入者的主要消费为食品、服装等生活必需品。

（5）职业。工作生活占据了人们大部分的时间，职业很大程度决定了消费者的生活方式、兴趣爱好，职业也是消费者社会阶层划分的因素之一。因此，不同职业的消费者，由于其生活方式、兴趣爱好、社会阶层、参照群体等不同，其在消费需求、购物方式、购物场所等方面存在很大差异。服装配饰作为消费者的外在表达，人们往往会通过消费者的服装配饰，判断出其职业类型。例如，政府工作人员和影视演员在服装配饰上的需求会相差很大。

（6）教育程度。消费者的教育程度不同，其在文化素养、价值观念、审美等方面会表现出不同，进而影响消费者的消费行为。

3. 社会心理变量

社会心理变量包括社会阶层、生活方式和个性等，是按照消费者的心理特征来细分市场的。

（1）社会阶层。社会阶层的划分因素包括受教育程度、职业、经济收入、家庭背景及社会技能等，是一个多因素的系统决定。同一社会阶层的消费者在价值观和行为模式上具有共同点与相似性。例如，美国商业心理学家和社会学家将美国社会划分为六个社会阶层，即上上层、上下层、中上层、中下层、下上层和下下层。其中，上上层的消费者所消费的产品包括名贵珠宝、名人字画、古董等。企业根据消费者社会阶层的不同细分市场，配合开发不同的产品、使用不同的广告媒体和不同的营销渠道。

（2）生活方式。生活方式是人们如何生活、工作、休闲和其他活动。消费者选择什么方式生活、用什么态度生活，形成自己的生活习惯。例如，有些人追求绿色健康的生活，他们往往会选择骑自行车出行而不是开车，他们会选择在家里面自己烹饪，而不是到饭店里就餐；还有一些消费者追求高效率的生活，在生活、工作、娱乐、休闲过程中，追求效率，在每项活动中，追求质量，追求效率，守时而认真。生活方式影响消费者的需求和欲望，进而影响消费者的购买行为。

（3）个性。个性是个人在适应环境的过程中所表现出来的系统的、独特的反应方式。个性是一个人比较稳定的心理倾向和心理特征，一般会通过个体外在的性格表现，如自信、自主、支配、顺从、保守等。性格外向、容易感情冲动的消费者往往好表现自己，因而，他们喜欢购买能表现自己个性的产品；性格内向的消费者则喜欢大众化，往往购买比较平常的产品；富于创造性和冒险心理的消费者，则对新奇、刺激性强的商品特别感兴趣。服装企业可以根据消费者的个性特征进行分类，作为细分市场依据。

4. 行为变量

行为变量包括购买时机、购买数量、购买频率、追求利益、购买动机和对品牌的忠诚度等。

（1）购买时机。服装企业可以根据消费者产生购买需求、实施购买和使用产品的时间来进行服装市场细分。如服装企业在不同季节召开服装产品发布会、产品订货会等。有些服装企业为了增加销量，为了减少库存降低价格，吸引一部分错时消费的消费者，可以进行反季节销售。

（2）购买数量。服装企业可以根据购买数量的多少，将市场细分为批发市场和零售市场，也可以根据消费者的购买情况，细分为集团采购、团体顾客、个人顾客和私人定制等。针对不同顾客群购买情况，采取不同的促销策略。

（3）购买频率。服装企业可以根据消费者的购买频率将市场细分为经常购买者、一般购买者、曾经购买者、潜在购买者、未购买者。据统计，开发一个新顾客的成本远远高于维持一个老顾客的成本，所以，服装企业往往很重视对老顾客的维护，应用各种营销策略，满足他们的需求。针对潜在购买者，有实力的大企业会着重吸引开发，扩大市场占有率，以期保持自己的市场领先地位。

（4）追求利益。服装企业根据消费者购买产品和使用产品时追求的利益来进行市场细分。消费者对购买产品追求的利益主要有求实、求廉、求新、求美、求名、求安等。例如，年龄较小的消费者购买服装往往追求款式新颖、流行时尚，而中年消费者往往追求品质、品牌意识较强。服装企业可根据消费者购买产品时追求的利益不同来细分市场，选定目标市场进行市场开发。

（5）购买动机。购买动机是直接驱使消费者实施某种购买行为的一种内部驱动力，反映了消费者在心理、精神和感情上的需求，是消费者在购买过程中解决"为什么"的问题，是消费者购买过程的根源。根据购买动机的性质可分为生理性消费动机和心理性消费动机。

1）生理性消费动机。生理性消费动机可以细分为生存性消费动机、享受性消费动机和发展性消费动机。生存性消费动机是为了满足生存需要而激发的购买动机，是消费者为了维持自身生存而产生的对基本生活用品的需求。享受性消费动机是消费者为了提高生活质量、增添生活乐趣而产生的对各种娱乐、享受消费品的需求。消费者为了享受生活而对化妆品、名牌服装、高档商品产生购买动机。发展性消费动机是消费者为了满足消费者的发展需求而激发的购买动机，是消费者为了提高个人才能而产生购买动机，如学业水平提高、专业技能培训等。

2）心理性消费动机。心理性消费动机可分为感情动机、理智动机和惠顾动机。感情动机是指由消费者的情绪和情感变化而引起的心理性消费动机。消费者在营销环境因素影响下，可以在一瞬间就做出消费或放弃消费的决定。情感动机是由消费者的道德感、理智感和美感等触发的消费动机。理智动机是消费者通过对商品或服务客观认识之后，经过分析、比较之后产生的一种消费动机。惠顾动机是消费者在根据过去的消费经验，对某家商场或某种商品产生了特殊的信赖和偏好心理，从而习惯性购买的一种消费动机。

（6）对品牌的忠诚度。根据消费者对品牌的忠诚度可以将消费者划分为坚定的忠诚者、动摇的忠诚者、转移的忠诚者和非忠诚者等。在服装市场中，有些消费者忠诚某个品牌，是品牌的坚定忠诚者，如哥弟，由于其定位准确，定位于那些对流行时尚有追求，却又没有身材优势的35岁以上、具有经济实力的女性消费者，这些人很快成为其品牌的坚定的忠诚者。品牌忠诚者是企业最大的客户资源，企业应分析其需求特征，更好地服务这部分消费者，必要时应给予这部分顾客某种形式的回报，鼓励其购买行为。

≫ 小链接

美国社会阶层划分及各阶层消费特点

1. 上上层（不到1%）

上上层继承大量遗产，出身显赫，他们捐巨款给慈善机构，经常举办社交舞会，拥有豪宅，孩子在最好的学校学习。这些人是珠宝、古玩、住宅的主要消费者。

2. 上下层（2%左右）

上下层的人在职业和业务方面能力非凡，拥有大量财产，他们薪资很高，对社会活动和公共事业积极热心。他们的消费集中在昂贵的住宅、孩子就读在一流的学校，是游艇、高档车的消费人群。

3. 中上层（12%）

中上层没有高贵的家庭出身，他们重视职业前途，具有较好的职位，是独立企业家、高层管理者、医生、律师等，注重子女的教育。他们选择较好的住宅、穿着考究、追求家庭装修。

4. 中下层（30%）

中下层是中等收入的白领和蓝领工人，他们居住在城市中较好的地段，有良好的公共道德，在消费上追求时尚，拥有进口汽车，对子女的教育舍得花钱，希望消费和自己的身份相符合。

5. 下上层（35%）

下上层是人口比例最多的一个阶层，包括中等收入的蓝领和生活方式符合劳动阶层的人，他们大都受教育程度较低，这一阶层的人喜欢听从亲朋好友的建议，多数为习惯性消费行为，喜欢经济实用。

6. 下下层（20%）

下下层处于最低端，教育经历少，是低档商品的消费者。

资料来源：荣晓华.消费者行为学［M］.6版.大连：东北财经大学出版社，2021.

任务实施

细分变量分析及策划

变量	目标品牌	虚拟品牌	要求
地理细分变量			团队成员调研目标品牌的市场定位，反推其细分变量，并进行分析，结合虚拟品牌特点对其进行细分
人口细分变量			
心理细分变量			
行为细分变量			

任务二　选择服装企业目标市场

任务目标

1. 掌握目标市场覆盖模式及进入目标市场的营销策略。
2. 能够分析目标品牌的市场覆盖模式和进入市场营销策略，并结合虚拟品牌情况对其进行策划。
3. 面对多种市场机会的情况，懂得如何取舍。

任务描述

学生要对目标品牌的现有市场、产品、覆盖人群进行大量调研，在此基础上分析其市场覆盖模式，根据其产品进入市场的策略推断其进入目标市场的营销策略。同时，分析虚拟品牌和目标品牌的差异，以及虚拟品牌的战略目标和目前的状况，策划虚拟品牌进入市场的覆盖模式及进入市场的营销策略。这个过程是一个综合衡量的过程，对于新品牌一定要有所取舍，且能有长远规划。

【微课】选择服装
企业目标市场

【课件】选择服装
企业目标市场

　　选择目标市场（Market Targeting）是 STP 战略的第二步，是市场细分的下一步骤，市场细分将整个市场划分为若干个具有明显差异的子市场，目标市场是在上述子市场中根据企业情况选择开展营销活动的特定细分市场。市场细分是目标市场选择的前提和条件，目标市场的选择是市场细分的目的和归宿。

一、服装企业目标市场选择考虑的因素

　　服装企业目标市场的选择是指企业从细分市场的子市场中，根据一定的标准和要求，选择其中一个或几个目标市场作为服装企业最终经营目标的决策过程。

　　1. 企业的资源和能力

　　企业的资源和能力是服装企业选择目标市场首要考虑的因素。企业选择进入目标市场是为了营利，企业首先要清楚自己的资源和能力，在哪一个子市场中能占据优势，在接下来的竞争中能拔得头筹。

　　2. 细分市场的吸引力

　　从市场构成角度讲，企业在考察细分市场的吸引力时，要考虑所选择的目标细分市场是不是有足够的目标顾客，这些顾客是不是拥有购买能力，他们是不是愿意购买自己的产品。企业应全面考核判断，细分市场的吸引力是否能够满足企业开发市场的需求。

　　3. 产品特点

　　企业在考虑目标市场选择的时候，还应该考虑产品的特点，对于服装产品而言，服装产品的价值包括服装产品本身价值和服装产品带来的附加值两个方面。服装产品的价值同时又受到服装的流行性、地域性和季节性影响。所以，企业在考察目标市场时，应充分考虑服装产品的特点。

　　4. 竞争状况分析

　　美国哈佛商学院教授迈克尔·波特认为，行业中存在着决定竞争规模和程度的五种力量，这五种力量综合起来影响着产业的吸引力及现有企业的竞争战略决策。五种力量分别为现实竞争者、潜在竞争者、替代产品竞争者、购买者和供应商。企业必须认真评估这五种力量对企业开发目标市场的影响。

二、服装企业目标市场选择覆盖模式

由于服装市场的多样化和差异性，服装企业不可能满足市场上所有消费者的需求，服装企业在对不同的细分市场进行评估后，结合企业自身情况，来选择为多少个子市场服务。这种选择子市场的覆盖模式不是一成不变的，服装企业可以根据市场环境的变化和企业能力的变化，进行动态调整。

1. 市场集中化

市场集中化覆盖模式是指服装企业只生产一种产品，专门满足一个客户群，是较简单的经营方式。服装企业可以充分了解细分市场的特性，企业的生产经营活动都以这个市场为中心，集中企业的物力、人力、财力等在这个细分市场上。因此，企业在这个细分市场上可以占据有利的市场地位，获得较高的回报率。

市场集中化覆盖模式的优点是服装企业可以集中企业力量了解细分市场，分析目标顾客。对于一些资源有限的小企业或新成立的企业，这种覆盖方式是一个不错的选择。如有些企业只经营婚纱，随着新人对婚纱的需求多样化、独特性的需求，婚纱市场也有很广阔的前景，一些专做婚纱的企业也获得了商机。例如，大连的一生一纱婚纱礼服有限公司，是专业从事婚纱定制、旗袍定做、婚纱礼服定制的企业。市场集中化覆盖模式的缺点是由于目标市场单一、范围窄，所以经营风险较高。

2. 产品专业化

服装企业只生产一类产品，向不同客户群销售这种产品。服装公司会了解不同客户群对这种产品的需求特点，设计生产出满足各个客户群特点的产品。例如，有的服装公司只生产下装，满足不同年龄层顾客的裙装和裤装，由于专业，得到顾客的肯定，在竞争激烈的服装市场上由于补缺得当，获得不错的业绩。这种覆盖模式的优点是不同客户群的子市场可以分散、降低企业的经营风险；其缺点是如果有了替代产品，企业将面临威胁。

3. 市场专业化

服装企业致力于满足某个顾客群的需求。企业的所有经历都用于研究这个顾客群的服装需求，满足这个顾客群在各种场合所需求的所有产品需求。例如，企业选定的目标顾客群为儿童，企业就围绕儿童这个顾客群开发其所需求的所有产品，除服装外，还可能开发玩具等。这种覆盖模式的优点是企业集中力量研究一类顾客群，满足其各种需求，能够稳固和顾客的关系；缺点是如果对这个顾客群的了解不够，容易失去整个市场。

4. 选择专业化

企业在细分市场的过程中，发现有几个市场的吸引力和发展前景都很好，并且自身有能力去开发这些市场，则企业会根据这些细分市场的特点分别设计和开发产品，进入这些市场。这些子市场之间可能根本没有联系，但企业进入这些子市场都可能获利。这种选择专业化覆盖模式的优点是可以分散企业的风险，即使某个子市场失去吸引力，也不会影响其他子市场为公司获利；缺点是对公司的实力要求大，企业的规模、开发产品的能力、销售团队的能力等要求较高。

5. 全面覆盖

全面覆盖是实力强大的公司采取的覆盖模式，即企业为细分市场上的每个子市场上的顾客群提供他们需要的产品，全方位进入每个子市场，如国际商用机器公司（IBM）在计算机领域内的全面出击。

三、服装企业目标市场进入与营销策略

服装企业根据所选细分市场的特性结合企业自身目标，在进入所选定的目标市场时，一般有以下三种营销策略可以选择。

1. 无差异性市场营销策略

无差异性市场营销策略是指服装企业并不考虑各个细分市场之间存在的差异，将细分市场看成是一个整体的市场，认为所有的目标顾客对服装的需求是没有差异的。因此，服装企业只推出一种产品或一种营销方案来吸引目标顾客。

无差异性市场营销策略适合各个细分市场之间差异较小的情况下使用，对于刚成立的新企业或产品刚上市、竞争优势明显的情况下，企业可以采用这种营销策略。无差异性市场营销策略的优点是由于产品或销售手段单一，所以可以通过扩大生产规模降低成本，同时，管理成本和经营成本也随之降低，使得企业利润最大化。

2. 差异性市场营销策略

差异性市场营销策略是指服装企业充分考虑各个细分市场之间的不同，将整个服装市场细分为若干个子市场，针对每个细分市场消费者需求的不同，制订不同的营销方案。例如，哥弟服饰有限公司针对不同年龄段的女性分别推出哥弟和阿玛斯两个品牌。

差异化市场营销策略因为充分考虑到了不同消费者对服装产品需求的差异性，针对不同需求的消费者开发出不同特点的产品，以满足消费者的个性化需求，同时，也扩大了企业产品的销量。

差异化市场营销适合企业实力雄厚，能针对不同需求消费者使用不同营销组合策略，开发个性化需求产品、使用不同的推广手段。差异化市场营销的优点：企业占领不同的细分市场，可以实现小批量、多品种，经营手段灵活，也可以及时调整产品策略；企业在多个细分市场上经营，能够分散企业经营风险；针对细分市场宣传推广，能够扩大市场占有率，增加销量。差异化市场营销的缺点：首先是成本增加，包括产品成本、调研成本、渠道成本、促销成本等；其次是不同细分市场之间的资源分配问题，如果不能很好地协调，就会出现资源分配不均的现象；最后是不同细分市场之间也是竞争关系，若无法确保市场细分的差异性突出、目标顾客群特征明显，就会出现顾客群争夺的现象。

3. 密集性市场营销策略

密集性市场营销策略是指在市场细分为若干个子市场之后，选择其中的一个或少数几个细分市场进入，将企业的人力、物力、财力集中在所选择的细分市场上，力争在自己所选择的市场上获得较大的市场份额，做到专业。

密集性市场营销策略与无差异市场营销策略和差异性市场营销策略不同的是，前两者企业都是将整个市场作为目标，采取不同的营销策略进入。密集性市场营销策略则是集中企业的全部力量进入一个或少数几个细分市场，实现专门化。其优点：企业集中力量在某一细分市场，对这个市场内的消费者更了解，相应开发出适合这个群体的营销策略，能够更好地满足消费者需求，更容易获得成功；对企业实力要求较小，对于小企业或刚成立的企业适合采用这种策略。缺点：目标群体范围小，企业发展受到限制，一旦目标市场发生变化，企业将陷入经营困境。

>>> 小链接

丽婴房

Les enphants隶属于上海丽婴房婴童用品有限公司，取自法文「孩子们」的含义。品牌理念希望能够带给孩子快乐和美丽，更希望能够将孩子最本真、最自然的一面展现出来，给予孩子一个自由平等的空间（图5-3）。

和平与希望是丽婴房的创办理念，小象是Les enphants的标志，由词组Les enphants中提取ph两个英文字母，并将其创意组合成为小象的外形。用孩子稚拙的笔

图5-3　丽婴房品牌

触描绘出它快乐可爱的憨态，它仿佛是孩子们喜爱的玩伴，好奇地睁大眼睛，歪着脑袋朝向孩子们微笑。

丽婴房设立的使命和责任就是期许提供给孩子舒适、合用的产品，并能陪着孩子一起快乐长大，把孩子的需求当作是丽婴房的事业主轴，坚持品质，用心服务，帮助中国的爸爸妈妈更完善、更体贴地照顾他们的孩子。

由于其定位为婴幼儿，专注于婴幼儿产品的提供，企业发展迅速，在全国80个主要城市有近1 000个零售据点，在90个二/三级城市有1 500多个经销点。上海丽婴房拥有近200家门市，在中国前100家最著名的商场里开设了约700个专柜。很多顾客认识丽婴房是从Les enphants Baby开始的，那粉粉嫩嫩的色系和优雅精致的款式，吸引了众多年轻的爸爸妈妈们进入了丽婴房的世界。从奶瓶、奶嘴到童车、童床，从清洁护肤到成长训练，从内衣到寝具……从妈妈怀孕到宝宝出生，以及宝宝成长中的各阶段，都可以在丽婴房找到最适合自己的用品系列。多样的品牌选择，丰富的产品组合，让您轻松享受一站式购物的惬意体验。丽婴房除发展自有品牌外，还不断引进国际知名品牌，从小童到大童，来自英国的经典，来自法国的浪漫休闲，来自意大利的高贵，来自美国的时髦前卫，各种风格打造……丽婴房已发展成汇聚众多知名品牌、满足各年龄段孩子个性需求的童装王国。

——资料来源品牌网：https://www.chinapp.com/pinpai/111269

市场覆盖模式及进入策略分析与策划

变量	目标品牌	虚拟品牌	要求
目标市场覆盖模式			团队成员调研目标品牌的目标市场覆盖模式及进入目标市场的营销策略，并进行分析，结合虚拟品牌特点为其策划市场覆盖模式及进入市场营销策略
进入目标市场营销策略			

任务三　服装市场定位

任务目标

1. 掌握市场定位方法和定位方式。
2. 分析目标品牌定位，策划虚拟品牌定位。
3. 结合 SWOT 分析，在学习、工作、生活中给自己进行定位。

任务描述

　　团队成员调研目标品牌的市场定位，对其进行分析，结合虚拟品牌的特点，为其进行多角度定位，为后面虚拟品牌策略策划打下基础。

知识准备

【微课】
服装市场定位

【课件】
服装市场定位

　　市场定位（Marketing Positioning）是 STP 战略的第三步。服装企业在细分的若干个市场中，选择出自己的目标市场，并制定相应的营销策略，企业要将自己的形象个性传达给消费者。

一、服装市场定位

服装市场定位是服装企业通过对服装市场上同类产品进行对比分析，针对目标消费者和潜在消费者对服装产品属性的重视程度，塑造出企业产品的鲜明形象，并将这种与众不同的形象传达给消费者，使消费者在众多的同质化产品中明显感觉到企业产品的特殊性，形成独特的产品价值。

市场定位的实质是在同质化的产品竞争中寻求差异化，并将这种差异化，生动形象地传达给目标顾客。

二、市场定位的方法

1. 根据产品特点定位

提炼企业产品与其他企业产品的不同点，是市场定位的最常用方法。企业通常分析构成产品特色的因素，进行分析、归纳、总结，形成独特的品牌特点，进行宣传推广。例如，"农夫山泉有点甜"让消费者深深的记住了；"七喜"的非可乐定位，强调其成分与可乐不同，这些都是成功的根据产品特点来定位。服装产品可以从服装产品的面料、设计特点、做工质量等来区分，如大连大杨创世服装有限公司的广告用巴菲特的语言"我爱穿创世西服"，彰显出其西服品质。

2. 根据产品功能定位

根据产品的应用场合、使用功能定位，也是很多企业市场定位方法，例如，很多企业结合中国人送礼这种习俗，开发礼品市场。例如，大家耳熟能详的"脑白金"。又如，手机市场 VIVO 和 OPPO，它们的定位不同，前者更注重音乐功能，满足消费者对音质的需求；后者更注重拍照，"逆光也清晰，照亮你的美"，使得很多使用手机拍照的消费者趋之若鹜。在服装企业，一般会根据消费者选择服装的功能性和使用场所，清新定位，如职业装、休闲装、运动装等。

3. 根据顾客的需求定位

根据顾客的需求定位，企业通过调研在细分市场的过程中充分了解消费者购买产品时追求的利益，从而满足顾客的需求，并一次定位，传达给消费者。例如，海澜之家的广告语"海澜之家，男人的衣柜，一年只逛一次海澜之家"，告诉男性消费者，你的需求都在这里，不需要再去东奔西走，满足男性消费者不愿意逛街的需求。

企业在定位时，可能不止考虑一种因素，一般是多种因素结合起来，形成品牌独特气质。

三、市场定位的方式

市场定位的目的是彰显本企业产品与竞争企业产品的不同，是企业让消费者迅速识别的有效方法。定位的主要目的是在市场竞争中取得竞争优势，展现企业产品的与众不同。通常有以下三种定位方式。

1. 避强定位

避强定位是指企业在选择目标市场时，就选择市场空白点，也是市场补缺者，这种定位的企业避开强有力的竞争对手，而选择市场上目前没有或竞争对手不强的市场领域。这样的市场定位，企业能尽快在市场上形成优势，占领市场，得到消费者认可。这种定位方法的市场风险小，企业容易成功，特别适合新成立的企业，如手机中的老年手机，服装产品中的婚纱、特体服装等。

2. 对抗定位

对抗定位与避强定位完全不同，是企业为在市场上取得领先地位，在市场定位时，与市场上实力较强的竞争对手对抗，采取相同的定位方式，争取相同的目标顾客群。这种定位的企业要求具有与市场领先者抗衡的实力，是市场挑战者。这种定位方式一旦取得成功，企业将获得巨大市场份额，当然也存在极大的市场风险，企业应该充分评估自己的实力，避免盲目冲动。如可口可乐和百事可乐、阿迪达斯和耐克等。

3. 重新定位

重新定位是指随着企业发展，产品进步、竞争加剧使得企业产品销路不好时，企业要对自己的市场重新定位。随着时间的推移，企业目标市场上的消费者的需求偏好会发生变化，企业产品的市场需求逐渐减少，或者有新的企业加入竞争，使得竞争激烈，企业面临经营困难，企业可以选择重新定位，寻求新的市场增长点。

>>> 小链接

劲霸男装，专注夹克30年！

劲霸与定位理论的结缘，来自《定位》这本书。2002年，在一次出差途中，劲霸董事长洪忠信在机场购买了《定位》。翻看之后，洪忠信认定定位理论能够解决他的困惑，随后，劲霸就成为特劳特中国公司的第一个合作伙伴。

当时的服装行业，还普遍停留在卖产品、卖款式的阶段，而劲霸也正处于从单品批发向品牌连锁专卖转型升级的关键时期。在特劳特的协助下，劲霸界定了七匹狼为战略级对手，在商务休闲男装中选择了夹克这一战略制高点，诉求"劲霸男装，专注夹克30年"，让劲霸代表夹克。

劲霸围绕这一战略定位也做了很多战略配称，包括舍弃了它已经开了100多家店的劲霸皮具，还有上游的精配原料等业务，同时，通过韩日世界杯广告、门店品牌信息植入、入选巴黎卢浮宫等传播投入，帮助劲霸用夹克一词占领心智，建立其领先地位。将所有资源集中起来，去干了这一件事情，就是在用户心智中把"劲霸"与"夹克"画等号。也正因为如此，劲霸才能够调动心智力量，获得用户首选，在商务休闲市场占据一个头部位置。

在当时的服装行业，劲霸走在了行业前列，用定位引领战略，配置企业资源，创造了一个强大的品牌。时至今日劲霸已经成为一个家喻户晓的中国男装品牌，即便很多人可能没有穿过他的衣服，但也一定听过劲霸品牌。

——资料来源：搜狐网 https://www.sohu.com/a/580868017_261465

任务实施

市场定位策略分析与策划

变量	目标品牌	虚拟品牌	要求
品牌定位			
人群定位			团队成员调研目标品牌的市场定位，进行分析，结合虚拟品牌特点为其策划市场定位
风格定位			
设计定位			
价格定位			

考 / 核 / 评 / 价

教师评价表（教师评价占学生成绩的70%）

考核项目：			班级：	
团队名称：			成员：	
考核任务	考核内容		得分	总分
细分变量（30分）	细分变量分析准确、全面、符合品牌实际情况			
市场覆盖模式进入市场营销策略（30分）	分析及策划有理有据，符合品牌实际			
市场定位（40分）	市场地位准确、全面、有特点、突出差异性			

小组成员互评表（小组成员互评占学生成绩的30%）

考核项目：			班级：	
考核成员：			被考核成员：	
考核任务	考核内容		得分	总分
承担任务完成情况（40分）	能够较好地完成团队分配任务，内容完善，有始有终，及时完整			
团队合作能力（20分）	有较好的合作配合、组织领导能力			
处理突发问题能力（20分）	能够解决处理突发问题，及时沟通			
个人能力（20分）	对问题有想法，有前瞻性，能够提出建设性建议			

模块二

策略篇

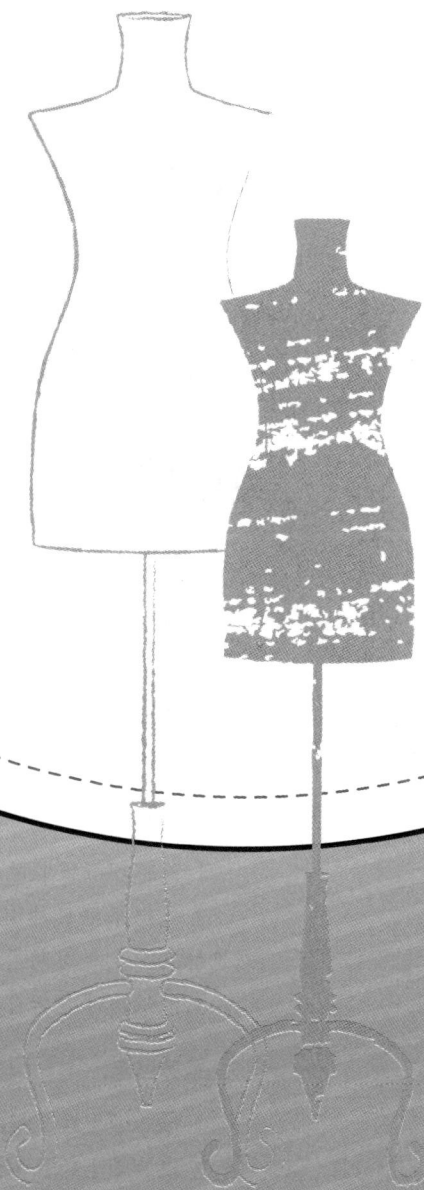

项目六
服装产品策略

项目导入

服装产品策略是市场营销组合策略的第一步，是基础。企业在发展经营之初，必须明确企业要提供什么样的产品去满足目标消费者的需求和欲望，首要问题是解决产品策略问题。服装产品策略包括服装品牌策略、服装产品组合策略、服装产品生命周期策略、服装产品开发策略、服装产品包装策略等。

学习目标

知识目标：

1. 掌握服装品牌策略内涵。

2. 掌握产品组合相关概念。

3. 掌握服装生命周期特征及营销策略。

4. 掌握包装含义及包装策略。

能力目标：

1. 能够理解服装品牌策略内涵，并能够结合品牌定位制定品牌策略。

2. 能够根据目标消费者特征进行产品组合策划；能够结合生命周期特征分析推断目标品牌生命周期，并结合虚拟品牌特点进行虚拟品牌生命周期营销策略策划。

3. 能够通过分析目标品牌包装特点，进行虚拟品牌包装策划。

素养目标：

1. 培养学生在了解品牌的过程中充分认识品牌内涵，打造民族品牌的信念。

2. 培养学生的社会营销观念、快人一步的思维、绿色环保包装意识。

▶【案例引入】

赢家时尚8大品牌首次联袂大秀闪耀时尚深圳展

赢家时尚控股有限公司董事贺红梅女士展望未来，董事局主席金明先生表示，集团将持续贯彻多品牌策略，差异化品牌竞相绽放；进军海外市场，提高品牌影响力；打造全渠道，优化品牌运营；探索智慧门店，通过大数据和人工智能等方式进行精准营销，提升高端女装的行业生态质量……成为真正意义上的"中国中高端女性服饰领域的领导者！"

2019年7月4日，赢家时尚控股有限公司携旗下八大品牌（图6-1）拉开2019时尚深圳展的序幕，带来了主题为"和而不同ALL&ALONE"时尚大秀，既展现集团整合品牌、整体上市后欣欣向荣之势，又传递了各品牌的独特风格与美学主张，为嘉宾呈现了一场风格多元又创意十足的时尚盛宴。

图6-1 赢家时尚控股有限公司旗下八大品牌

FUUNNY FEELLN仿佛——摩斯密码

作为赢家时尚集团的新生品牌，主张把"新鲜、有趣"的设计元素融入日常通勤时装，打造"精致、摩登、有趣味"的"溢趣时装"。作为品牌的首次亮相，以独特的

"摩斯密码"为主题，在不动声色中展现服装的趣味。

NAERSI 娜尔思——WOMEN\重·塑

在回归极简"90后"的推动下，女性时尚越来越注重个人风格，在瞬息万变的时尚潮流中，通过触动—探索—平衡三个过程，找到并坚守一个自省、纯粹、平静的生活状态，重新塑造自我风格，通过服饰表达内心。

NAERSILING 恩灵——时空旅行者

在旅行中探索差异性，以全新的姿态发现生活的可能性，这给了设计师无限的想象。用前卫风格的PVC、手感细腻的羊绒毛呢、风靡时尚圈的彩色皮革等人气面料，搭配经典重塑的格纹、动物纹理、艺术图案等元素，将女性的硬朗与柔软糅杂在时装中，完美演绎了NAERSILING摩登、时髦的品牌风格。

CADIDL 卡迪黛尔——向新而型

时装，是行走的艺术品，一动一静中都蕴含新与型。CADIDL秉持"艺术品哲学"的匠心精神，尝试以全新的风貌诠释都市女性的优雅，将艺术融入服装中。在此次CADIDL主打系列——时尚套装中，设计师将经典的元素以新的视角重新演绎，设计出囊括职场、休闲、社交三大场合的时尚套装，处处体现出精致优雅的高级感，实现"以和致美"的价值追求。

NEXY.CO 奈蔻——艺象·寻迹

在感知生活的过程中汲取灵感，体会艺术的仪式感，此次大秀，NEXY.CO以黑白灰为主色调，呈现出都市智慧女性的知性、简约、智美。新时代职场时尚通过NEXY.CO的独特版型与匠心精工，得到完美呈现。摒弃一切繁复的元素，用最简单最直接的方式来表达专属NEXY.CO的时装。

Koradior 珂莱蒂尔——Grace of Monaco

本次系列的灵感来源于Grace of Monaco，优雅柔美的女人味与Koradior的风格不谋而合。将高贵的紫罗兰色、浪漫的印花、飘逸的薄纱、闪亮的珠钻亮片……巧妙地融入裙装中，塑造出年轻、时尚、女人味的Koradior形象。

Koradior elsewhere 珂思——欧洲秘境之旅

主张女性倾听内心，悦纳自己，悠享生活。本系列在面料上大量使用针织来塑造女性的柔美形象，强调从心悠享的品牌主张，个性的剪裁简单而不失型格，橘黄色、雾霾蓝、米白相互搭配带来了浓郁的文艺气息，令人仿佛漫步在塞纳河畔，开启一段欧洲秘境之旅。

La Koradior 拉珂蒂——星光Oscar

名流派对、众星云集、星光熠熠……这正是La Koradior本系列灵感来源：奥斯卡之夜，这是属于La Koradior新贵的场合。以重工艺打造的礼服在细节处尽显奢华：大面积钉珠、飘逸的纱裙、戏剧化的羽毛、繁复的刺绣……浪漫香槟色、甜美少女粉、热情魅力红的加持，无疑是为新贵的华美气质锦上添花。

展望未来，董事局主席金明先生表示，集团将持续贯彻多品牌策略，差异化品牌竞相绽放；进军海外市场，提高品牌影响力；打造全渠道，优化品牌运营；探索智慧门店，通过大数据和人工智能等方式进行精准营销，提升高端女装的行业生态质量……成为真正意义上的"中国中高端女性服饰领域的领导者！"

案例思考：1.赢家时尚的品牌战略布局是什么？

　　　　　　2.赢家时尚有哪些产品线？

　　　　　　　　——资料来源：CFW服装展会网 https://news.cfw.cn/v213485-1.htm

任务一　认知服装品牌策略

1.了解品牌内涵，掌握命名原则。

2.能充分理解品牌策略内涵，结合实际分析，应用于虚拟品牌策划。

3.在了解品牌的过程中充分认识品牌内涵，树立打造民族品牌的信念。

任务描述

　　团队成员调研目标品牌的品牌故事、历史、理念、品牌使用者及品牌发展策略，进行分析，结合虚拟品牌特点对其进行品牌策略策划。

知识准备

【课件】
认知服装品牌策略

一、服装品牌内涵

1.品牌的含义

　　品牌的英文是 Brand，出自古挪威文 Brandr，意思是"烧灼"的烙印，当时的人们通过烙印来标记家中财产。品牌是一种名称、术语、标记、符号或设计，或将它们组合运用，其目的是通过品牌来辨识企业的产品或服务，并使之同竞争对手的产品和服务区别开。

品牌一般由品牌名称和品牌标志组成。品牌名称即牌名，是品牌中可用口语称呼，即能用语言表达的那一部分，用于产品经营及产品的商业宣传活动，如海澜之家（图 6-2）、杉杉（图 6-3）等。品牌标记是通过符号、图案、独特的色彩或字体来标识，是可以通过其记认品牌但无法用口语称呼的那部分。

商标是经有关政府机关注册登记受法律保护的整个品牌或该品牌的某一部分。

图 6-2　海澜之家　　　　　　　　　　图 6-3　杉杉

2. 服装品牌命名原则

（1）品牌名称易记易读。在给服装品牌命名的时候，要读音简单，朗朗上口，简洁、明快。服装品牌的名字不要太长，一般不超过四个字，有利于传播和记忆，如杉杉、红豆、爱慕等。

（2）寓意深刻，联想正面。品牌名称是消费者对企业了解的第一步，代表企业文化，品牌名称要立意高远，让消费者产生正面联想，通过品牌名称产生好的印象，如金利来、好又多等。

（3）合法、尊重国家、地区文化。品牌命名的首要原则是符合法律、法规要求，同时，品牌名称要到工商部门注册，这样才能得到法律保护。品牌命名时要尊重不同国家或地区消费者的民族文化、宗教信仰、风俗习惯及语言翻译的差异，要充分了解当地的文化差异，尊重文化差异，这样才能使品牌发展得到认可。

3. 服装品牌的作用

服装品牌的作用见表 6-1。

表 6-1　服装品牌的作用

对制造商的作用	对消费者的作用
产品或企业价值的体现	识别产品来源的分辨器
合法保护产品独特特征	质量和信誉的保障
企业竞争的武器	个人消费的表征
制造者的责任	制造商的承诺
财务汇报及品牌资产的积累	购买风险的减少

二、服装品牌策略

服装品牌策略的内容包含服装品牌化决策、服装品牌使用者决策、服装品牌名称策略、服装品牌发展策略及服装品牌重新定位策略五个方面。

1. 服装品牌化决策

品牌运行的首要环节是企业要不要给自己的产品创建一个品牌，是否要给产品建立品牌是由企业的产品品类、企业生产经营规模等决定的。随着经济发展和消费者品牌意识的提升，现在市场上大部分产品是拥有品牌的，在消费者的购买决策过程中，品牌影响力还是相当大的，但是并不是所有产品都是拥有品牌的。例如，煤炭、自来水等产品不会因为企业不同而形成产品差异；消费者习惯性购买的葱、姜、蒜等；有些服装企业只是做代加工产品没有自己的品牌产品。

实践证明，使用品牌，尤其是运行良好的大品牌，其品牌资产是无形的，一个运行良好的品牌，是容易让消费者直接选择的，同时，能保护产品的独特性，以避免被模仿，有利于产品追踪。当然，一个企业选择为自己的产品创建品牌也是要付出成本的，包括品牌的设计、制作、注册登记，要想在消费者心中形成品牌印象，还需要大量宣传广告费用及良好的公共关系。同时，要承担品牌运行不好所带来的经营风险。

2. 服装品牌使用者决策

当企业在品牌化决策阶段决定创建品牌后，就要做出品牌使用者决策。品牌使用者决策是指企业要在使用企业自己建立品牌、使用经销商品牌和混合品牌中间做一个决策。

企业品牌也称制造商品牌。企业的产品使用属于企业自己的品牌，品牌是企业自己创建、宣传和维护的。大多数企业都拥有和使用制造商品牌，如爱慕、爱慕先生、爱美丽等都是爱慕集团旗下品牌。

经销商品牌也称中间商品牌。企业将自己的商品出售给经销商，经销商利用自己的品牌来经销产品。

混合品牌，即企业将前两种品牌使用者决策混合使用，一部分商品使用制造商品牌；另一部分商品使用经销商品牌。这样既可以拥有自己的品牌，同时，又能利用中间商渠道扩大自己的销售额。

随着社会经济的发展，营销渠道结构正在发生变化，中间商凭借丰富的客源及完善的物流系统逐渐成为营销渠道不可忽视的一股力量。

经销商品牌拥有很多优势：经销商拥有成熟的销售渠道，特别是大型零售商拥有大量的客源，经销商能够利用自身优势将自有品牌商品陈列在显眼的位置，促进产品销售，同时拥有完整的物流运输体系，使得商品渠道系统具有绝对的优势，可以通过大批量订货来降低成本扩大优势。当然，经销商品牌也需要经销商付出宣传费用，以及在商品库存上占用大量资金。

3. 服装品牌名称策略

企业对其生产的产品品类、规格、大小、质量、定位不同时，有三种可供选择的策略为其产品制定品牌名称策略。

（1）统一品牌策略。统一品牌策略即企业所生产的产品无论品类、规格、大小、质量及定位都采用一个统一的品牌名称。统一品牌策略的好处是利用已有品牌的良好声誉，企业在推出新品牌时会节省很多广告费用、宣传费用，消费者很容易接受新产品，扩大新产品的销售，同时能带动老产品销售。它的弊端就是任何一个产品线的失败都会带来整个品牌的失败，会影响所有企业的产品线，如通用、西门子、东芝等都是采用统一品牌策略。

（2）个别品牌策略。个别品牌策略即企业对产品按照品类、规格、定位等某一标准进行分类，对分类的产品采用不同品牌名称的策略。典型的案例是宝洁公司，旗下拥有15个品牌，在洗发产品上海飞丝主打去屑，潘婷主要针对受损发质，飘柔针对长发，沙宣主要是保湿功能。个别品牌的优势是企业的产品能更大限度地满足消费者的个性化需求，增强企业的竞争能力，一个品牌的问题不会对其他品牌产品产生负面影响，增强企业的抗风险能力。它的劣势是企业要分别管理各个品牌，每个品牌单独进行广告宣传，需要企业有强大的财力资源和人力资源。

（3）分类品牌策略。分类品牌策略即企业先对自己的产品按照产品的某类属性进行分类，如产品品类、产品定位等，然后对分类产品采用不同品牌名称的策略。分类品牌策略综合了上面两种品牌策略，这种策略有利于消费者辨识不同类别产品之间的不同点，特别是对企业里面产品品类区别较大的企业，适合采用这种品牌策略。

4. 服装品牌发展策略

服装品牌发展策略是指服装企业在不断成长壮大的过程中面临企业发展的机遇可能采取的策略。

（1）品牌延展策略。企业在发展过程中，利用现有的品牌资源推出新产品的策略。很多成功的企业都是通过这种方法拓宽自己的产品领域，增加消费者群，使企业得到长足发展。例如，杭州娃哈哈集团公司成立之初是以饮品为主，后来开发娃哈哈童装。品牌延展策略的好处是可以加快消费者对新产品的认知，减少新产品的市场风险，缩短消费者了解、接受新产品的过程，降低新产品开发过程。随着新品类的不断开发，企业的品牌效应得到强化，品牌无形资产得到增值，品牌形象得到提高。品牌延展策略在实施过程中一定要注意保护好品牌形象和注重品牌定位，如果在使用品牌延展策略时新的品类发生问题，会产生株连效应影响原有品牌形象。

（2）多品牌策略。多品牌策略是指企业在同一品类产品中设立多个互相竞争的品牌，从而得到更多目标顾客的一种品牌策略。这种策略一般适用于竞争能力突出、有很强的经营管理能力的公司，因为多品牌的培植和管理需要公司进行大量的广告宣传、产品研发、团队管理等。同时，不同定位的产品品牌也能给公司带来最大限度的市场覆盖，获得更多的市场份额，提升公司整体实力。

5. 服装品牌重新定位策略

品牌重新定位策略是指企业调整或放弃原来品牌的定位，对品牌进行再次定位的策略。品牌重新定位的目的是摆脱企业在发展过程中遇到的困难，使品牌得到新的发展。

（1）品牌重新定位的原因。

1）原有的定位不准确。

2）原有的定位出现局限性，阻碍品牌的发展。

3）与其他竞争品牌比较，竞争优势丧失。

4）消费者偏好和需求发生变化。

5）企业需要进入新的细分市场。

（2）品牌重新定位需要考虑的因素。

1）企业在重新定位时首先要考虑能获得的收益以及新的定位的市场潜量。企业要进行分析和研究，对比目前消费者数量和定位后消费者数量。

2）要考虑成本。企业在重新定位前要进行大量的前期调研，重新定位后要进行宣传推广，让消费者了解品牌的新定位并且接受和认同新定位。

3）企业在重新定位时要考虑面临的困难和风险。新的定位也许得不到原有消费者认同，企业会失去原有的市场，同时，新的市场定位是否能得到消费者认同都是企业面临的风险。

（3）品牌重新定位的过程。

1）市场调查研究，确定重新定位的原因。

2）对市场进行细分，找出新的目标市场。

3）对目标市场进行重新定位。

4）对新的定位进行传播。

》》 小链接

品牌介绍

有人说：拥有"香奈儿"（图6-4），一直是21世纪女人的美丽梦想。有人说：在世纪末的今天，还有哪个品牌能得到一家三代：祖母、母亲、孙女的同时钟爱，那首先是"香奈儿"……

图6-4　香奈儿

普拉达（PRADA）（图6-5）在近百年的发展过程中，通过致力于创造兼具经典色彩和创新精神的时尚理念，成为享誉世界的传奇品牌。Prada产品所体现的价值一直被

视为日常生活中的非凡享受······

图 6-5　PRADA（普拉达）

　　世界时装舞台一直为鼻挺目深的欧美人所垄断。曾几何时，来自东方岛国——日本的设计师高田贤三（TAKADA KENZO）（图6-6）带着一点神秘、一点莫测，更带着震世的惊叹站到了这个舞台的中央······

KENZO

图 6-6　高田贤三

任务实施

品牌策略分析及策划

变量	目标品牌	虚拟品牌	要求
品牌命名、Logo 分析			团队成员调研目标品牌的品牌故事、历史、理念、品牌使用者及品牌发展策略，进行分析，结合虚拟品牌特点对其进行品牌策略策划
品牌故事			
品牌历史			
品牌理念			
品牌使用者			
品牌发展策略			

任务二　分析服装产品组合策略

任务目标

1. 掌握产品的五个层次，能分析策划。
2. 掌握产品组合相关概念，能分析产品组合宽度、深度、长度，并理解企业产品组合策略的意义。

3. 结合个人特点，发挥自己所长，建立社会营销观念。

团队成员调研目标品牌的产品层次、对品牌产品组合进行分析，分析产品线长度、深度、宽度，结合虚拟品牌特点对其进行五个层次策划，策划产品组合宽度、深度、长度及产品组合策略。

知识准备

【微课】
服装产品组合策略

【课件】分析策划
服装产品组合策略

一、产品概念及层次

产品是企业为了满足消费者的需求和欲望而提供给市场的任何东西，包括实体商品、服务、组织、信息和观念等。

消费者购买产品不只是购买产品的实体，还包括很多附加的利益。菲利普·科特勒等营销学家使用五个层次来表述产品整体概念，认为将产品划分成五个层次可以全面准确地表述产品的概念。产品的五个层次（图6-10）包括核心产品、形式产品、期望产品、延伸产品和潜在产品。

（1）核心产品。核心产品是指消费者购买产品能够得到该产品的基本利益和效用，即消费者购买这种产品需要解决的基本问题，是满足顾客的中心需求。如冰箱是为了制冷、保鲜，消费者购买服装最基本的功能是为了遮羞蔽体，同时，满足不同生活空间和职场生活的着装需求。

（2）形式产品。形式产品是核心产品的外在表现形式，向消费者展示核心产品的外部特征，包括产品的品牌、特点、品质、包装和款式等因素。

（3）期望产品。期望产品是消费者购买产品的时候期望获得的与购买产品密切相关的一系列属性和条件。例如，消费者在购买服装时，希望通过服装的穿着彰显自己的审美。

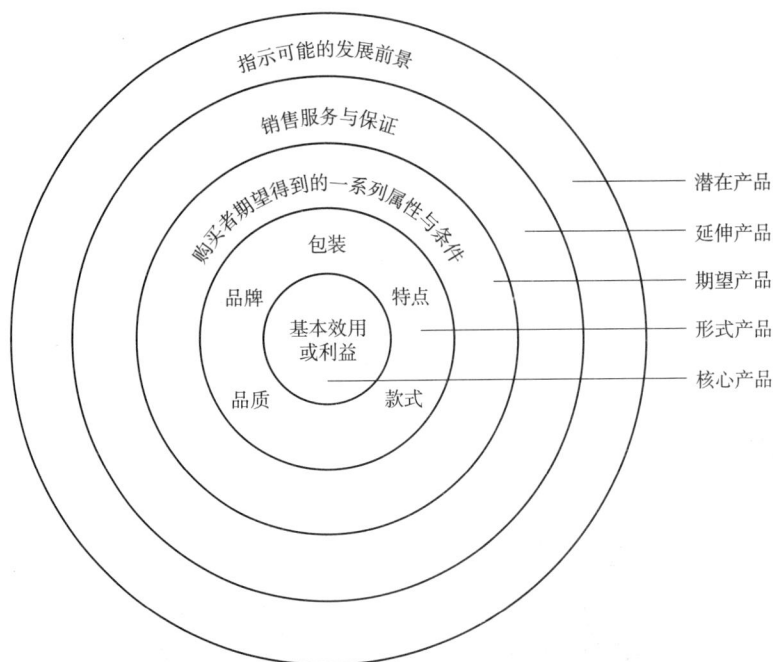

图 6-10　产品五个层次

（4）延伸产品。延伸产品也称附加产品，是消费者购买产品后所附带的各种服务和获得的各种利益的总和。如产品说明书、售后服务，服装产品的免费熨烫、修改等。延伸产品是企业获得顾客忠诚的重要手段，能够在延伸产品上做好功课，使顾客认可。

（5）潜在产品。潜在产品是指现有产品未来可能呈现的状态和演变的趋势、前景，也是企业努力致力于开发的部分，是企业追求产品差异化的方法，满足目标消费者的潜在需求，区别于竞争对手。

二、产品组合的相关概念

产品组合（图 6-11）是指一个企业生产或经营的全部产品线和产品项目的组合方式，或者是企业生产经营的全部产品的结构。如一个综合商场经营产品包括家电、鞋帽、服装等。它包括产品线的宽度、产品线的长度、产品系列的深度及产品系列的关联度四个因素。这四个因素的变化不同，构成不同产品组合。

1. 产品线

产品线由产品项目组成，企业生产的每个产品系列即一条产品线，是一组相关的产品，这些产品功能相似，能够满足相同顾客群的需求，只是在性能、规格、款式、大小等方面存在差异。

2. 产品项目

产品项目即产品线中那些性能、规格、款式、大小等方面不同的单个产品。

3. 产品组合宽度

产品组合宽度也称产品组合广度，是指企业拥有的产品线总数，即企业生产经营的产品大类有几个。产品组合的宽窄根据拥有产品线数量来定，多的为宽，少的为窄。如图 6-11 所示，产品组合有三条产品线。

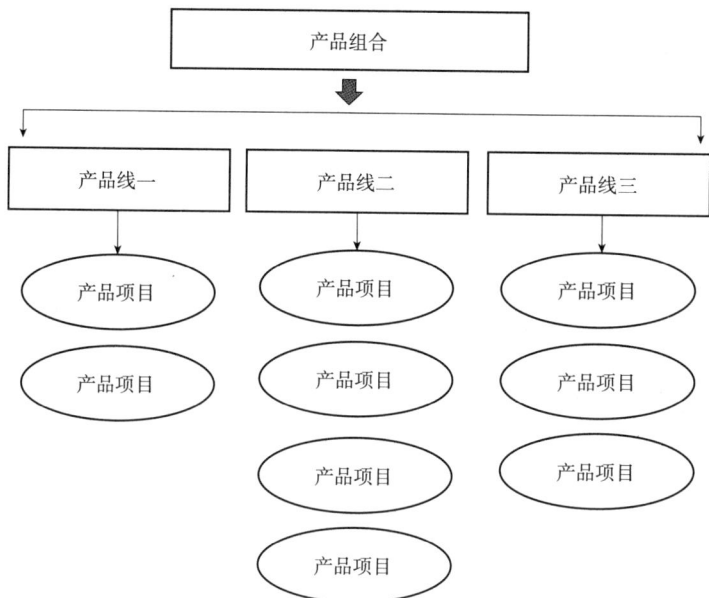

图 6-11　产品组合

4. 产品组合深度

产品组合深度是指企业生产经营的某一条产品线的产品项目的数量。如图 6-11 所示，第一条产品线的深度为二，第二条产品线的深度为四，第三条产品线的深度为三。

5. 产品组合长度

产品组合长度是指企业拥有的每条产品线中的所有产品项目的总和。产品组合长短取决于产品项目的多少，多者为长、少者为短。如图 6-11 所示，产品组合的长度为 2+3+4=9。

6. 产品组合关联度

产品组合关联度是指企业生产经营的各个产品大类在最终使用、生产条件、分销渠道等方面的密切相关程度。

三、产品组合策略

产品组合策略是指服装企业根据自身面临的市场状况、结合自身资源条件和市场环境竞争态势对企业产品组合的宽度、长度、深度和关联度进行不同组合的过程。通常，服装企业产品组合策略包括扩大产品组合系列、删减产品组合策略、向上延展产品组合策略和向下延展产品组合策略等。

1. 扩大产品组合策略

扩大产品组合策略是指企业根据自身情况，增加产品组合的宽度和深度，即增加产品线的个数或增加产品线上产品项目的个数。这个策略一般是在企业生产经营效益良好，需要扩大经营范围时选用，企业通常会利用现有的设备、资源、技术，发挥企业最大潜能，生产经营更多的产品来满足消费者的潜在需求。大多数情况下，企业扩大产品组合会在自己熟悉的领域内，如男装企业开发女装产品线，这样可以最大限度地利用企业现有资源。也有的企业在增加产品线宽度时，采用跨行业经营，甚至多角化经营，其优点是可以分散风险，在多个领域内发挥企业的作用，获得利润。另外，多角化经营也要求企业具有很高的实力。

2. 删减产品组合策略

删减产品组合策略是企业根据自身经营状况的战略调整，具体按方法删减产品组合的深度和宽度，即减少产品线的个数或减少产品线上产品项目的个数。服装企业在使用删减产品组合的策略时，可以使用波士顿咨询模型。对于瘦狗类（也称衰退类）和问题类产品，即删减那些滞销产品或亏损产品，以便企业可以集中物力、人力、技术、资金到能给企业带来更多利益的产品线和产品项目上。删减产品组合策略的优势是可以调整企业的资金结构，减少资金占用，实现产品专门化生产，便于企业取得规模效应，降低生产成本，提高企业在某个领域的知名度，更好地满足该领域的消费者需求。

3. 向上延展产品组合策略

向上延展产品组合策略是指服装企业结合企业自身特点，增开高端系列产品线或在原来产品线内增加高档次、高性能、高价格的产品项目。服装企业实施向上延展产品组合策略通常的原因是结合市场调研，消费者对高档产品的需求增加，高档产品的利润丰厚，生产高档产品可以提升企业的品牌声望和企业形象，进而带动企业生产技术、设计水平、管理水平的整体提升。

同时，采取向上延展产品组合策略也要求企业本身具有较强的综合实力，第一，高档消费者群体能不能接受企业的产品；第二，企业在设计、生产技术、管理等方面能不能满足；第三，企业有没有强大的经济能力支持。

4. 向下延展产品组合策略

向下延展产品组合策略是指服装企业结合企业自身特点，增开低端系列产品线或在原来的产品线内增加低档次、低价格的产品项目。服装企业采取向下延展产品线策略主要是因为结合企业自身发展情况，企业有能力兼顾新的目标市场，企业在高端市场的市场增长率降低、竞争加大，企业可以通过向下延展产品组合来寻找新的市场机会。企业实施向下延展产品策略的优点：企业可以借助原有的品牌声誉，吸引一部分仰慕高端产品的顾客来消费产品线内的低端产品，可以节省宣传推广费用，利用现有的企业生产能力，填补产品项目空白，增加企业收入，扩大市场份额。

向下延展产品组合策略的风险是降低原来高端品牌的形象，会流失掉部分原来的高端产品的消费者，同时，会有经营方面的问题需要企业去协调应对。例如派克笔，1982 年新总经理上任后，盲目延伸品牌，将派克品牌用于每只 3 美元的低档笔，结果使派克品牌形象受损，竞争对手乘机进入高档笔市场，当时派克笔差点破产。

≫ 小链接

日本西治公司最初是一个生产雨衣、尿布、游泳帽、卫生带等多种橡胶制品的小厂，由于订货不足，面临破产。总经理在一个偶然的机会，从一份人口普查表中发现，本省每年约出生250万名婴儿，如果每名婴儿用两条尿布，一年需要500万条。于是，他们决定放弃尿布以外的产品，实行尿布专业化生产。一炮打响后，又不断研制新材料、开发新品种，不仅垄断了本省尿布市场，还远销世界70多个国家和地区，成为闻名于世的"尿布大王"。

任务实施

产品组合策略分析及策划

内容	目标品牌分析	虚拟品牌策划	要求
产品的五个层次			团队成员调研目标品牌的产品层次、对品牌产品组合进行分析，分析产品线长度、深度、宽度，结合虚拟品牌特点对其进行五个层次策划，对产品组合宽度、深度、长度及产品组合策略进行策划
产品组合分析图			
产品组合策略			

任务三　服装产品生命周期策略分析及策划

任务目标

1. 掌握产品生命周期概念，了解判断方法。
2. 掌握产品生命周期各阶段的特征，能分析策划各阶段营销策略。
3. 建立快人一步的思维。

任务描述

团队成员根据目标品牌的相关特征，判断其产品的所属生命周期，并结合虚拟品牌情况，为其策划产品的四个生命周期的营销策略。

【微课】服装产品
生命周期策略

【课件】服装产品生命周
期策略分析及策划

一、产品生命周期的概念

产品生命周期是指产品从被投放到市场到最终退出市场的全过程。根据产品在市场上的特征表现将产品生命周期（图6-12）划分为四个阶段，即引入期、成长期、成熟期和衰退期。这里强调的是产品的市场寿命，是在市场流通过程中，产品被接纳的转化过程，不是指产品的使用寿命或自然寿命。同时，产品的生命周期阶段在不同国家、不同地区处于不同阶段，并不是所有的产品都能经历完整的四个周期。

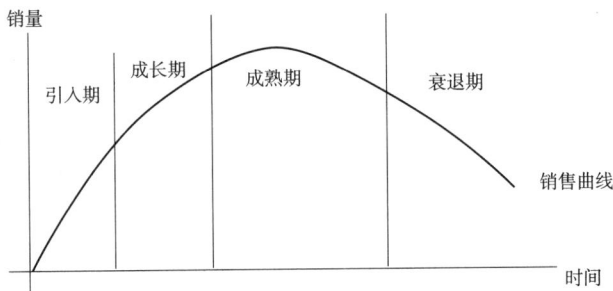

图 6-12　产品生命周期曲线

生命周期的判断方法可以根据产品普及率来判断。在产品的引入期，由于产品是刚刚进入市场，从无到有的阶段产品销量急剧增加，但是产品普及率并不是很多，一般是喜欢猎奇的消费者购买，所以这个时期一般产品普及率小于5%；进入成长期，此时产品被多数消费者认知并接纳，产品销量增加很快，一般产品普及率为5%～50%；到了成熟期，产品销量不再增加或者增加很少，基本维持稳定，此时产品普及率达到90%左右；当产品普及率达到90%以上时，可以判断产品进入衰退期。

并不是所有产品都经历完整的四个生命周期。例如，在服装产品市场上，有的产品进入成熟期并不会退出市场，成为经典一直存在市场上，如旗袍、和服、西服等；流行产品一般会经历完整的四个周期；也有的产品只经历了引入期，就迅速进入衰退期，并没有在市场上生存下来。服装产品生命周期曲线如图 6-13 所示。

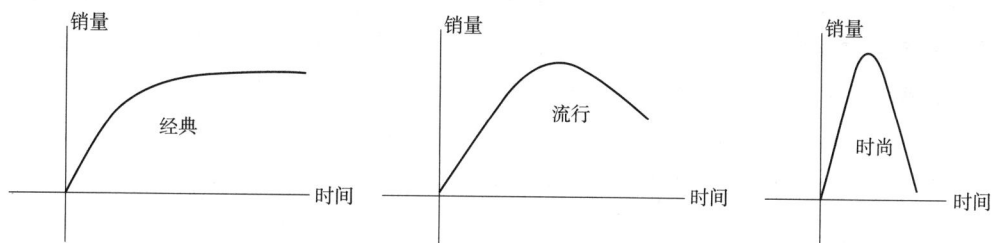

图 6-13 服装产品生命周期曲线

二、生命周期各阶段的特征及营销策略

在生命周期的不同阶段，企业、消费者、产品本身都会出现不同的特征，而对企业而言，要结合这些不同点制定出适应市场变化的营销策略。产品生命周期策略可以概括为营销 16 字方针：人无我有、人有我多、人多我改、人改我转。

1. 引入期

从企业角度来讲，生产技术尚不成熟，生产批量小，成本高；从产品角度来说，产品知名度不高，需要大量的广告宣传，需要不断地提高产品的性能和质量，需要建立销售渠道，促进产品的销售；对于消费者而言，消费者对产品还不是很熟悉，少数时尚引领者或愿意尝试新鲜事物的消费者会成为产品的使用者。

引入期的营销策略总体概括为营销十六字方针第一句的"人无我有"。引入期是企业将新开发的产品投放到市场上，是处于市场上"人无我有"的阶段。此时产品处于领先地位，其他企业还没有这种产品，市场竞争压力小，面对这种情况企业可以采取具体营销策略（图 6-14）。撇脂策略是利用高价获取利润，回收成本，以获取利润作为引入期的主要目标；渗透策略重点是占领市场，提高市场占有率，目的是使更多的消费者成为目标客户。

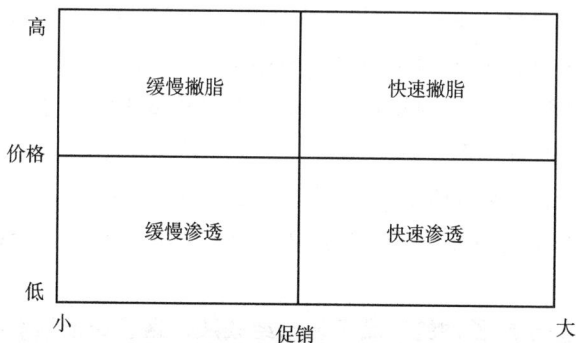

图 6-14 引入期价格—营销策略

（1）快速撇脂：采用高价格大规模促销手段推出新产品的策略。这一策略的实施是

企业通过大规模的促销手段快速建立知名度，配合高价格，以期迅速占领市场并快速获得最大利润。这一策略适合市场潜力较大的产品，因为此市场的目标顾客有求新消费心理，愿意花费高价购买新产品；如果企业有实力在产品上保持优势，有实力在宣传环节投入，那么企业就能通过高价优质，树立企业形象，取得竞争优势。

（2）缓慢撇脂：采用高价格小促销手段推出新产品的营销策略。这一策略的主要目的是回收成本，企业以较小的促销投入，赚取最大的利润。企业在给产品定价时制定高价格，这就要求企业的产品能够在市场上占据领导地位，消费者愿意为产品支付高价，市场竞争还不是很大。这种策略适合市场规模较小，目标顾客更看重产品本身，对价格不是很敏感，企业也不需要进行大规模宣传。

（3）快速渗透：采用低价格大促销力度推出新产品的营销策略。这种策略的最大优势是通过大规模的广告、促销手段，能让更多的消费者以较低的价格购买到该产品，占领更大的市场份额。可以通过不断扩大的产品销量降低成本实现规模效益。这种策略适合市场潜量大的产品，消费者对产品价格敏感，市场竞争激烈，可以通过价格和促销影响消费者的购买行为。

（4）缓慢渗透：采用低价格小促销力度推出新产品的营销策略。通过较低的价格扩大市场占有率，同时，小促销力度能够降低成本，增加利润。这种策略面对的市场容量很大，消费者对该种类产品很熟悉，产品的市场知名度很高，或者是原有产品的改进产品，不需要企业进行大量的广告宣传。消费者对价格更加敏感，需求弹性较大，少量的促销活动就可以达到要求。

引入期打开销路的具体办法：一是利用现有产品提携支持。如随同现有的已博得顾客好评的相关产品，免费赠送；将新产品与现有产品合并出售；利用现有产品标签、资料或广告附带宣传新产品，或将新老产品合并陈列等。二是利用特殊手段诱使试用。如将新产品免费供给一段时间；特价优惠或到消费者处所免费示范或试用；免费传授使用、维修技术等。

2. 成长期

成长期的特征从企业角度来讲，生产技术已经逐步成熟，批量生产已经形成，经营成果令人瞩目，成本降低，企业利润增加。从产品角度来讲，产品销量增加，产品利润增加，开始有相同的产品进入市场，竞争开始加剧，产品垄断性基本消除，企业需要加大产品工艺改进，增加品种，对抗竞争。从消费者角度来说，消费者对该产品已经熟悉，更多选择在产品性能、产品特点上。

成长期的营销策略总体概括为营销十六字方针第二句的"人有我多"。成长期的产品已经被消费者熟知，企业的营销策略应重点体现在营销组合为消费者提供的多种选择上。

（1）产品多。处于成长期的产品工艺已经成熟，且已经被消费者接受，很多消费者开始购买该产品，更多的企业参与竞争，使消费者对产品的品种、质量等有了更高的要求。此时，企业应注重产品新品类的开发，增加新功能，改善新工艺，让消费者有更多的选择，满足消费者的广泛需求，吸引更多的消费者购买，争取在产品上一直保持领先地位。

（2）渠道多。随着产品进入成长期，销量增加，消费者数量增加，利润增加，企业有能力拓宽销售渠道。同时，随着竞争加剧，寻找新的细分市场，找到未被满足的消费人群，成为企业保持竞争优势的必要手段。此时企业应适时增加销售机构和销售网点，拓宽渠道宽度，并加强与中间商的联系。

（3）价格调整、促销手段多。在适当的时机，可以通过降低价格来吸引对价格敏感的顾客，扩大成长期销售量。在促销策略上，广告策略强调产品的差异性、多层次选择，建立并强调产品的品牌，树立品牌形象。

3. 成熟期

成熟期的特征从企业角度讲，生产工艺稳定，需求量已经趋于饱和，超过50%的消费者已经拥有该产品，销售达到最高值，销售增长率下降，产量大，成本低，利润也达到最高值。从产品角度讲，产品已经被大部分消费者熟悉且拥有，新的竞争来源于更新换代产品，消费者对产品的要求更广泛。从消费者的角度讲，产品已经被大多数人拥有，消费者的追求更多在产品的差异化上。

成熟期的营销策略总体概括为营销十六字方针第三句的"人多我改"。企业的营销策略主要在如何延长成熟期或出现再循环的周期调整，尽量避免到衰退期。企业的应对重点在营销策略的改进上。

（1）产品改进。不断调整改进产品性能，延长产品线，增加产品功能，争取形成新的成长期，再循环，做好品牌文化，树立品牌形象。对消费者进行调研，开发产品新功能，吸引不同需求的消费者，拓宽细分市场。

（2）渠道改进。在不调整产品的基础上，对原有产品进行新的挖掘，寻找产品新用途，或者潜在的消费者，开发新的细分市场，扩大销售数额。根据生命周期在不同地区处于不同阶段的特征，将成熟期产品转移到产品仍处于引入期、成长期的国家或地区。

（3）促销策略改进。充分利用企业产品优势，可以适当降低价格，将促销重点转移到销售促进上面，吸引消费者购买。

4. 衰退期

衰退期的特征从企业角度讲，产品销量下降，促销成本增加，利润急剧降低，市场竞争表现为价格竞争，企业通过降价来处理库存，大量企业退出竞争。从产品角度讲，产品陈旧，日趋老化，市场上已经出现新的产品。从消费者角度讲，产品对消费者已经失去魅力，只有极少数对市场缺乏敏感，或者被促销手段吸引的消费者还在购买，大部分消费者都去寻找新的产品。

衰退期的营销策略总体概括为营销十六字方针第四句的"人改我转"。当产品生命周期进入衰退期，企业的营销策略主要集中在如何延长生命周期，如何获取最大利润及如何进入新产品开发、重新进入新的产品生命周期。

（1）延长生命周期。企业可以通过继续寻找新的细分市场、新的消费者，开发产品新的用途来延长生命周期，也可以将产品推送到偏远地区。同时，企业可以继续增加产品线深度，增加产品的花色品种，扩大产品的销售量。

（2）收缩榨取。收缩榨取是指企业采用收缩策略，将所有的资源集中到最有利的产品和细分市场上，力争在最有竞争力的市场上获得最多的利润。同时，采用榨取策略，尽可能降低销售、促销费用，降低价格，尽可能获取利润。

（3）转移到新的市场。企业在进入衰退期后，尽快地进行新产品开发，进入新一轮产品周期，研发新产品，只有这样企业才能一直在行业内处于领先地位。

≫ 小链接

货品全生命周期管理助力高客单女装品牌扭亏为盈

随着全球经济走势逐步回暖，时尚女装市场也成了服饰中最为热门、增长速度最快的细分品类之一，服饰消费日趋多元化。针对以上趋势，广州大麦制定高效经营策略，围绕货品全周期运营，助力新品从测款、上新到货品加速，赋能商家护航新品全周期运营火爆。

针对店铺运营痛点，广州大麦对全店流量、货品、营销分析和梳理诊断：

（1）店铺运营期间只提报官方活动和设置基础店铺折扣，导致整体销售和流量一直无法有很大突破。

（2）店铺具备一定的品牌粉丝基础优势，但缺乏产品精准布局。

一、产品规划

基于店铺痛点，广州大麦决定从产品布局与产品生命周期管理入手，通过调整上新品类规划及运营节奏，改变货品结构实现突围。

1.合理布局上新节奏

2.优化产品不同价格人群覆盖

3.爆款梯度建设

二、树立品牌口碑

树立品牌口碑，内容力助推流量起飞。

1.站内口碑管理

通过买家秀征集+问大家引导已购用户回答产品质量等细节问题+制造是否可送礼话题，提高年轻群体转化。

2.站外内容管理

抖音直播视频素材进行站内投放；小红书官方账号+达人账号发送种草文章。

3.站内内容管理

自播期间直接成交+直播回放视频等素材在站内产品微详情、订阅、逛逛进行投放。

多维度的内容表达不仅更好展现了产品和品牌个性，也帮助用户更清晰地进行购买决策，达到高转化的效果，实现店铺免费流量提升140%，其中5、6月份淘宝内访客提升至20W+，新用户也迅速得到提升。

资料来源：广州大麦信息科技有限公司官方账号

生命周期策略分析及策划

目标品牌分析	虚拟品牌策划	要求
判断产品所处的生命周期	策划虚拟品牌四个生命周期策略	团队成员根据目标品牌的相关特征，判断其产品的所属生命周期，并结合虚拟品牌情况，为其策划产品的四个生命周期的营销策略

任务四　服装包装策略分析及策划

1. 了解包装的含义和作用。
2. 了解包装策略。
3. 建立绿色环保包装的意识，杜绝过度包装。

团队成员调研目标品牌的包装，并进行分析，结合虚拟品牌特征，进行虚拟品牌包装设计。

【课件】服装包装
策略分析及策划

包装已经成为企业的营销手段之一。设计精良的包装可以为企业创造价值，带动销售，成为吸引消费者购买的重要促销手段。

一、包装含义

产品的容器或包装物都称为包装。包装是指为产品设计包装、生产加工产品进行包装并对其进行宣传推广的一系列活动。

包装包含三个层次的材料。第一层次是接近产品的容器，如盛装液体的瓶装包装。包装服装的塑料袋子或纸质包装，也是离产品最近的一层包装，通常情况下产品用尽时，包装会被丢掉。第二层次的包装是指盛装第一层次包装的材料，如在瓶装产品外层的纸盒包装、服装塑料袋包装和纸袋包装。它为产品提供进一步的保护，方便消费者携带，同时，能通过包装设计传达企业文化。第三层次是运输包装，如将装有一组瓶装产品的包装集中放到一个包装容器中，以方便产品的储存和运输。

二、包装作用

每件产品都有它的包装，一些企业为了使自己的产品包装具有品牌特色，不惜花费重金为自己的产品设计包装，可见包装对于产品的重要性。精美的包装可以起到美化产品、宣传企业文化和促进销售的作用，从而提高产品的竞争力。

（1）便于使用、保护产品、方便运输。对于液态的产品，包装是其应用的先决条件，也是这一类产品的盛放容器，产品完成使用功能要依托于包装。包装的基本功能是保护产品，方便运输。有效包装可以起到防止挥发、防止污染、保鲜、防止变形等保护作用，也方便产品从生产企业流通到消费者手中。

（2）识别产品、促进销售。包装都带有企业的品牌名称和品牌 Logo（图 6-15），消费者能根据包装上的标识识别产品。设计精良的包装更能吸引消费者，同时能提升企业和品牌形象。

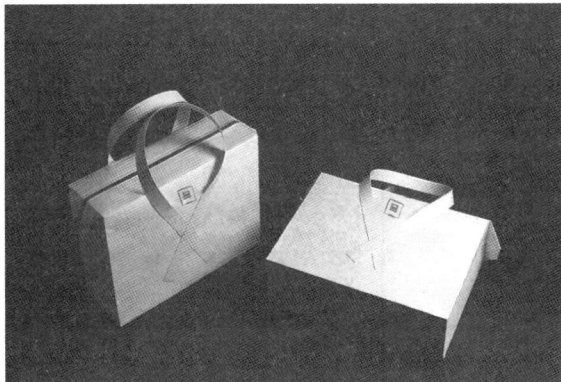

图 6-15　产品包装样例

（3）增加产品附加值。视觉传达中的包装设计，不仅使消费者熟悉产品，同时，使消费者对产品和品牌产生好感，从而对企业产生信任，增加了企业的美誉度。同时，包装设计中的艺术信息，使产品具有了生命活力，增加产品的价值，有的包装甚至会被消费者当成艺术品收藏。

三、包装策略

1. 类似包装策略

类似包装策略即企业对其生产的所有产品采用相似的图案、近似的色彩、相似的包装材料和形似的造型设计的包装。类似包装策略可以降低包装成本，扩大企业的影响，在推出新品时，消费者很容易从报纸上辨识产品，节省宣传费用，带动产品销售。对于企业的忠实顾客，类似包装策略具有很大的促销作用，同时，企业也节省了包装设计费用。这种策略的局限性并不适合品种差异大、质量水平悬殊的产品。

2. 差异化包装策略

差异化包装策略是指企业对其生产的产品采用不同的包装。这种不同可能来源于顾客的需求，是自用还是礼品包装；不同的包装还可能是企业对产品的不同等级划分；或者是对于不同消费者（如年龄、性别、收入等）细分群体的划分。差异性包装一般通过设计风格、色彩、材料或包装容器的形状变化来区别。差异性包装材料的优点是充分肯定产品、消费者的差异性，满足个性化需求，也可以避免一种产品的失败影响到其他产品；缺点是需要企业增加成本。

3. 配套包装策略

配套包装策略也称组合包装策略，根据国家和地区习惯，将几种有关联的产品配套包装在一个包装容器中。比较常见的是化妆品组合包装、节日礼品包装等。这种包装便于消费者购买和携带，有利于扩大连带产品的销售。特别是在新产品销售上，可以在配套产品组合中加上即将推出的新产品，有利于新产品上市。这种包装策略适合关联较强的产品，特别是能组合应用的产品。

4. 再使用包装策略

再使用包装策略是指包装内的产品使用完成后，包装可以有其他的用途。由于环保的要求，现在企业越来越重视包装材料的使用，很多企业除使用环保材料制作包装物外，也较多地采用再使用包装策略。这种策略可以让消费者觉得一物多用，产生购买欲望，设计精美的包装还有收藏价值。同时，精心设计的包装也对企业产品起到宣传作用，包装物在再使用过程中，还能起到再次宣传作用，增加顾客的重复购买率，增加附加值。企业采用再使用包装策略时应注意成本，避免过度包装。

5. 附赠品包装策略

附赠品包装策略是指在包装物中附赠一些物品，如赠品或奖券，或者包装本身可以换取礼品，从而引起消费者的购买兴趣，吸引消费者不断重复购买。

6. 改变包装策略

改变包装策略即改变和放弃原有的产品包装，改用新的包装。改变包装策略通常有两个原因：一是由于包装技术、包装材料的不断更新，消费者的偏好不断变化，采用新的包装以弥补原包装的不足，企业在改变包装的同时必须配合好宣传工作，以消除消费者以为产品质量下降或其他的误解；二是当企业的产品与竞争对手产品质量相近，销量不好时，可以通过改进包装策略进行调整。

改进包装策略有以下三种：

（1）剧变式。剧变式即给原来的包装一个剧烈的变化，改变其原来的面貌，以一个全新的姿态展现在消费者面前。

（2）改良式。改良式即保持原来合理的部分，通过改变"欠缺"带来新意，让消费者仍觉得"虽生犹熟"，避免给人陌生的感觉。

（3）渐变式。经常对原来的设计做一些小改进，在消费者不易觉察的情况下，调整结构、文字排列等，乍一看风格未变，但比以前更加协调、新颖。

≫ 小链接

品牌推广"一体式鞋盒"实践环保创新

某鞋类品牌通过项目推广减少约414吨的鞋类订单包装垃圾，加速"零碳排"和"零废弃"进程。扩大"一体式鞋盒"（One Box）项目的应用规模，推动电商消费更加环保。

"一体式鞋盒"是该品牌于2022年开始试点的开创性环保项目，采用90%以上的再生材料制成，通过将鞋盒与快递箱合二为一，从源头上在"最后一公里"减少包装废弃和碳排放。

越来越多的消费者期待更"环保、减量化、可循环"的绿色包装方式。中消协于2023年3月公布的调查显示，有88.1%的消费者在自用情况时会选择简约包装的商品，62.4%的消费者认为商品包装未来应可再循环利用。在品牌的调查中，有86%的消费者表示希望与品牌一起行动，让生活更加环保。

"一体式鞋盒"背后蕴含着品牌对消费者需求的理解和Less Is More（少即是多）的设计原则。由再生材料制成的牛皮纸配色包装盒更为牢固，表面没有染色或者覆膜，品牌信息设计在鞋盒内部，尽可能降低整体环境足迹。

——资料来源：CFW时尚

任务实施

包装策略分析及策划

目标品牌分析	虚拟品牌策划	要求
分析目标品牌的包装及包装策略	策划虚拟品牌的包装及包装策略	团队成员调研目标品牌的包装，并进行分析，结合虚拟品牌特征，进行虚拟品牌包装设计

考 / 核 / 评 / 价

教师评价表（教师评价占学生成绩的 70%）

考核项目：			班级：	
团队名称：			成员：	
考核任务	考核内容		分值	总分
品牌策略（20 分）	品牌历史、故事、理念是否清晰，是否符合品牌定位，特点是否鲜明			
产品组合策略（30 分）	产品线是否设计得当，是否符合品牌特点，分析有理有据			
生命周期策略（30 分）	生命周期推断是否合理，各阶段策略策划是否符合品牌定位及品牌特点，是否有创新			
包装策略（20 分）	包装设计是否有新意，是否考虑环保			

小组成员互评表（小组成员互评占学生成绩的 30%）

考核项目：			班级：	
考核成员：			被考核成员：	
考核任务	考核内容		分值	总分
承担任务完成情况（40 分）	能够较好地完成团队分配任务，内容完善，有始有终，及时完整			
团队合作能力（20 分）	有较好的合作配合、组织领导能力			
处理突发问题能力（20 分）	能够解决处理突发问题，及时沟通			
个人能力（20 分）	对问题有想法，有前瞻性，能够提出建设性建议			

项目七
服装价格策略

项目导入

价格策略是企业营销组合策略非常重要的因素之一。价格体系是决定销售政策的关键，是整个营销战略的灵魂所在，它直接关系到企业的盈利和亏损。价格本身没有高低之分，关键看消费者认为值不值得。影响价格的因素包括企业内部因素和外部因素。企业在考虑价格策略时要结合产品、渠道和促销，不能单独考虑价格因素。

学习目标

知识目标：

1. 掌握价格含义及顾客价值组成。
2. 掌握定价方法及其应用。
3. 掌握定价策略及其应用。

能力目标：

1. 能够理解顾客价值组成，并在实际营销策略中应用。
2. 能够理解定价方法，并能结合实际灵活应用。
3. 能够结合实际判断目标品牌定价策略，结合实际策划虚拟品牌定价策略。

素养目标：

1. 培养学生充分发挥自己人生价值的能力。
2. 培养学生多角度考虑问题的能力。
3. 培养学生分析问题并结合实际制订解决问题方案的能力。

▶▶【案例引入】

鸿星尔克的定价策略

因《乘风破浪》再次爆火的"甜心教主"王心凌，最近在微博上晒出自己训练的照片，被眼尖的网友发现，她从头到脚穿的都是国产品牌鸿星尔克（图7-1），身上一件T恤仅售59元。与明星动辄数万元的服装价格相比，这价格可谓十足的"亲民"。

定位大众消费的鸿星尔克，产品的一般定价为50～600元，属于中低档。作为我国著名运动品牌，鸿星尔克坚持年轻、时尚、阳光的品牌形象定位，始终立足市场需求，以犀利的眼光、唯美的艺术气息、敏锐的时尚触感、进取而不夸张的表现方式设计符合市场潮流的产品。

相较于其他几个本土品牌抬高价位走中高端路线，鸿星尔克目前依旧是定位大众市场，其主要的销售渠道还是三、四线及以下的低线城市，市场基础扎实且广泛。同时，其独辟蹊径，高水平玩转"网球营销"，在赞助上将精力主要集中在国内外网球赛事上，成功将自己打造成国内网球运动品牌领跑者。鸿星尔克坚持不断投入研发新产品，并融入潮牌等时尚元素，保持生命力。

图7-1　鸿星尔克店铺

案例思考：鸿星尔克的定价策略是什么？

——资料来源：网络资料整理

任务一　分析服装产品价格构成

1. 了解价格的含义及作用。
2. 能够充分理解顾客感知价值的含义及组成。
3. 能够充分发挥自己的人生价值。

任务描述

　　团队成员对目标品牌进行产品线实际价格调研，并对比竞争品牌进行价格分析，同时结合虚拟品牌情况进行虚拟品牌价格区间策划。

知识准备

【课件】分析服装
产品价格构成

一、价格

1. 价格的含义

　　从经济学的观点看，价格是严肃的，是产品价值的货币表现形式，是不可随意变动的。价格总是与利润的实现紧密联系在一起的，即价格 = 总成本 + 利润。因此，从经济学角度来说，定价是一门科学。

　　从市场营销学的观点看，价格是可以随时随地根据需要而变动的。价格是消费者为了获得想要的商品时用来交换的价值。通常，价格受产品供求关系的影响，在产品供大于求的情况下，价格会降低。

2.价格在营销活动中的作用

在购物的过程中，顾客付出了货币成本、时间成本、体力成本和精神成本，这些成本的对应形成顾客心目中的产品价值，最终体现为顾客愿意为此产品支付的价格；企业在生产经营产品的过程中，要进行市场调研、组织生产、设计渠道、运输产品及广告促销，综合形成企业经营成本，加上企业要获取利润值，形成企业的出售价格。市场交易的前提条件：顾客愿意支付的价格必须大于或等于经营者愿意出售的价格（图 7-2）。价格在营销活动中的作用是顾客购买行为和企业经营行为之间的桥梁与纽带。

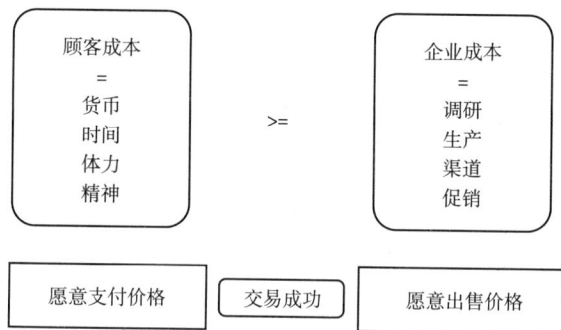

图 7-2　交易成功条件

二、顾客感知价值

顾客在购买商品时，不仅是购买商品本身，还有顾客的期望。例如，同一品牌的一件 T 恤，在顾客家附近的实体店里面售价 298 元，网上同品牌旗舰店里面售价 248 元，顾客去实体店购买还是网络购买，不仅取决于价格，还有时间、商品本身等。这取决于顾客对付出成本和获得利益之间的对比、衡量。

1.顾客感知价值的含义

顾客感知价值是指顾客感知到的商品或服务的利益减去顾客获得商品或服务时付出的成本，从而得出对商品或服务的主观评价，是一种获得的利益和付出成本之间的交易，是顾客的主观体验。

2.顾客感知价值的组成

顾客感知价值是由顾客感知到的利益和成本两部分构成的。顾客通过对比两者之间的多少来确定感知价值。科特勒（1998）认为，顾客的利益由四部分构成，即商品价值、服务价值、人员价值和形象价值；而顾客的成本也由四部分构成，即货币成本、时间成本、体力成本和精神成本。用顾客感知利益减去顾客感知成本，结果为顾客价值。如果顾客感知价值等于 0，则是"物有所值"；如果感知价值大于 0，则是"物有超值"；如果感知价值小于 0，则是"物有不值"。对于企业而言，知道顾客感知利益的内容，就可以利用营销组合策略来增加顾客感知利益，降低顾客感知成本，从而使顾客有获得感，不断购买，成为企业的忠诚顾客。

3. 顾客感知价值的特点

（1）顾客感知价值是顾客的主观感知，它有别于产品或服务的客观指标；

（2）顾客感知价值是顾客导向的，而不是企业导向的；

（3）顾客感知价值是多层次的，因为不同的人会有不同的感知；

（4）顾客感知价值是动态的，因为人们的感知会随着时间的推移而发生变化。

三、服装价格的构成

服装价格的构成包括服装的出厂价格和服装的商业价格两部分。

（1）服装的出厂价格：是指服装生产企业出售自己生产的服装产品时的价格。其构成主要包括生产服装过程中的成本、费用及企业获得的工业利润。成本及费用包括原材料、包装材料、人员费用、设备折旧、管理费用、财务费用、市场调研、产品开发、销售费用等。

（2）服装的商业价格：是指服装商业企业销售服装商品时的价格，包括批发价和零售价。服装商业价格的构成包括进价成本、经营费用、管理费用、财务费用、商业利润和税金等。

≫ 小链接

价值

有个学生向智者请教自己的价值，智者拿出一块石头说："你先帮我做件事，我再告诉你的人生价值，你把这块石头拿到集市上去卖，无论别人出多少钱都不要卖。"

学生拿着石头去卖，有人出价2元，又来了一些人，最后有人出价10元，学生很开心，和教师说"这块石头居然能卖10元呢"。教师说，你再把石头拿到黄金市场去卖，多少钱都不要卖。学生到了黄金市场，有位老者看了石头成色，说里面有宝贝，石头的价格抬到了10 000元。学生兴高采烈地告诉教师，想不到石头居然能卖到10 000元。教师接着说，你把它拿到珠宝市场去卖，同样，别人出多少钱都不要卖。刚到珠宝市场，就有人出到10万块，一眨眼的工夫，价格升到30万元。学生忍住极大的诱惑回到教师那："想不到这块石头真的是块宝贝呀。"教师说："这块石头是无价之宝，它里面有名贵的玉，但你不识货，它顶多值10元。"

任务实施

产品价格分析

目标品牌分析	虚拟品牌策划	要求
调研产品线实际价格，与竞争品牌比较，进行价格分析	对比目标品牌，进行价格区间策划	团队成员对目标品牌进行产品线实际价格调研，并对比竞争品牌进行价格分析，同时，结合虚拟品牌情况进行虚拟品牌价格区间策划

任务二 服装产品定价方法分析及策划

1. 了解服装产品定价程序。
2. 掌握服装产品定价目标、定价方法及其应用。
3. 培养多角度考虑问题的意识。

任务描述

团队成员根据目标品牌的价格及相关策略推断其定价方法，结合虚拟品牌特征，为虚拟品牌策划定价方法，并进行策略说明。

知识准备

【微课】
服装产品定价方法

【课件】服装产品定价
方法分析及策划

一、服装产品定价程序

服装企业在制定价格时一般经过以下六个步骤（图7-3），并应考虑成本需求及竞争因素（图7-4）。

1. 制定定价目标

定价目标是服装企业在给自己的产品制定价格时，期望达到的目标，通常与企业的战略目标一致。服装企业在自己发展的不同时期，或者在不同的市场条件，可能制定不同的定价目标。不同的定价目标对企业的利润、市场占有率会有不同的结果，企业结合自己的短期和长期规划来制定定价目标。

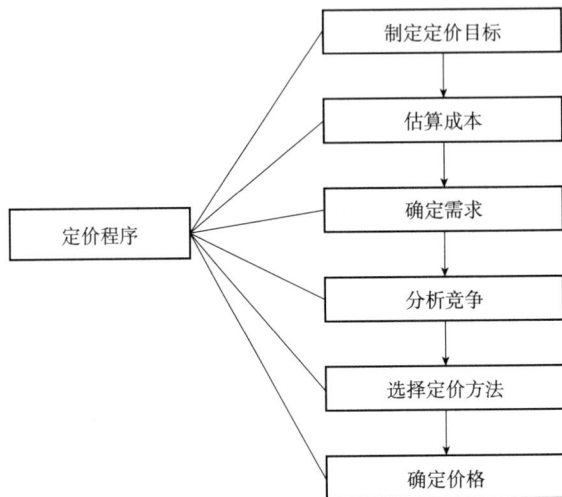

图 7-3　定价程序

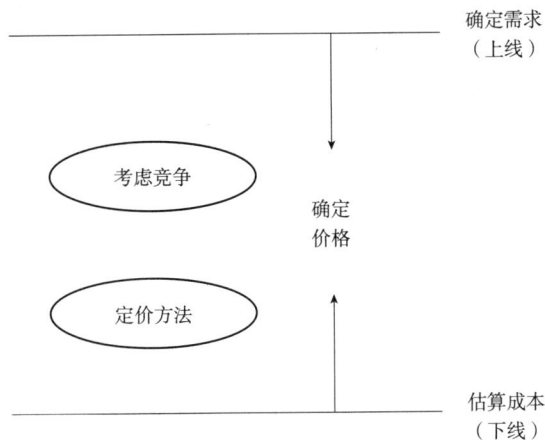

图 7-4　定价考虑因素

2. 估算成本

成本是价格的下线，低于成本的价格企业面临亏损。企业在制定产品价格时首先要核算成本。其包括生产成本、分销成本，同时要考虑利润和税金。

3. 确定需求

需求是价格的上线，当企业的价格高到没有需求时，没有消费者购买，服装企业同样面临破产。确定需求时企业要考虑产品的需求弹性，对大多数服装产品来说，需求弹性大，价格降低，需求量增加，但是如果企业经营的是高端品牌和奢侈品，价格降低反而会使需求下降。

4. 分析竞争

企业是在市场环境中生存的，竞争不可避免，服装企业在制定产品价格时，一定要考虑同行业竞争和品牌竞争，从企业自身、生产条件、知名度、产品质量及消费者对品牌认知度等方面进行比较，帮助企业选择合适的价格。

5. 选择定价方法

服装企业在确定了价格的上下线，调研竞争企业之后，就要选择定价方法，定价方法包括成本导向定价法、需求导向定价法和竞争导向定价法三种。

6. 确定价格

定价程序的最后一步是确定价格，服装企业结合自己的情况及政策法规、宏观环境、微观环境，最终确定产品价格。

二、服装产品定价目标

服装产品定价目标有以下几种。

1. 利润最大化目标

利润最大化目标是服装企业在一定时间内将获取最大利润作为定价目标，企业对产品成本和需求进行测算后，将产品制定尽可能高的价格来获得高额利润。对于生产流行服装的企业，服装本身的专利性无法得到保护，被模仿的时间极快，很多企业为了尽快收回成本，获取利润，采取利润最大化目标。企业采取这种定价目标的前提是能够让目标顾客愿意为服装产品买单。

2. 追求市场占有率

追求市场占有率的定价目标企业是为了让更多的消费者拥有自己的产品，追求长期利益，意味着企业产品价格相对降低，要求企业能够很好地降低成本，增加销量，更多地靠薄利多销来增加市场占有率。

3. 保持竞争优势

将定价目标定义为保持竞争优势的企业，主要目的是在行业、品牌竞争过程中保持领先。在制定价格过程中，企业将考察的重点放在竞争对手上面，价格的多少完全从竞争角度出发，对成本和需求考虑得较少。

4. 维持企业生存目标

维持企业生存目标是企业在特定环境下采用的定价目标。当企业在竞争中处于劣势，甚至濒临破产，或者企业受外部环境影响经营不善，企业会采用这种价格目标。企业一般以较低的价格，或通过大规模促销来减轻库存压力，缓解资金压力，在这个过程中，企业寻找机会，是短期价格目标行为。

三、服装产品定价方法

服装产品定价的高低直接影响企业的营利能力，服装价格的高低不仅要受到成本的影响、消费者需求的影响、竞争企业产品的影响，同时，还要考虑宏观不可控因素和微观不可控因素。企业制定价格是一个多因素综合考量的结果。服装产品的定价方法有以下三种。

1. 成本导向定价法

成本导向定价法是以产品成本为基本依据，再加上预期利润来确定价格的定价方法。成本导向定价法包括成本加成定价法、边际成本定价法、盈亏平衡定价法和目标利润定价法等。其中，最常用的是成本加成定价法。

服装成本加成定价法是按照单位产品成本加上一定百分比的加成来制定产品的销售价格。其计算公式为

$$单位产品价格 = 单位产品总成本 \times (1 + 目标利润率)$$

$$利润率 = (计划售价 - 成本) \div 成本$$

以一件衬衫的生产商出厂价、批发商批发价和零售商零售价为例，如图 7-5 所示。

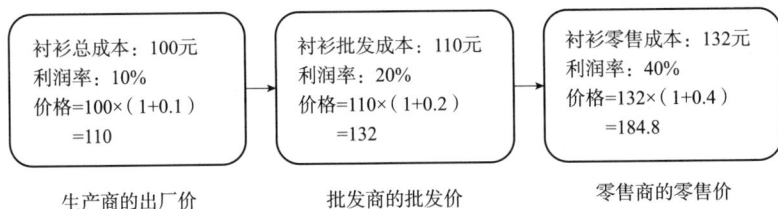

衬衫总成本：100元
利润率：10%
价格=100×（1+0.1）
=110

生产商的出厂价

衬衫批发成本：110元
利润率：20%
价格=110×（1+0.2）
=132

批发商的批发价

衬衫零售成本：132元
利润率：40%
价格=132×（1+0.4）
=184.8

零售商的零售价

图 7-5 成本加成衬衫价格

成本导向定价法是一种简单、实用的定价方法，大部分服装批发零售企业采用这种方法。这种定价方法的缺点是以企业需求为导向的，是从企业出发，并没有考虑市场需求，这样做可能有两个结果，一是价格过高，导致销售不好；二是价格过低，利润降低。

2. 需求导向定价法

需求导向定价法又称为感知价值定价法，也称为觉察价值定价法，是指企业在制定产品价格时，以消费者的需求和感受作为主要依据，根据消费者的需求和理解来制定价格。与成本导向定价法不同，这种方法较多地考察了需求情况，根据顾客所感知的产品价值来定价。应该说，这是一种符合市场营销观念的定价方法，它的起点是消费者。

需求导向定价法主要有理解价值定价法和需求差异定价法两种。理解价值定价法是需求导向定价法中比较常见的一种方法。它是根据消费者对产品价值的判断及对产品的理解程度作为制定价格的基本依据。消费者在购买服装产品时，对服装产品的价格是有一个基本判断的，如普通品牌的风衣价格（图 7-6）大概在多少钱，如果价格超过太多，消费者会自动设限，觉得超过预期，得出物有不值结论，放弃购买；反之，消费者也会对风衣价格设定一个下线，如果价格低于下限，也会怀疑产品有问题而不敢购买，只有价格在消费者理解的合理区间才能促成交易。

（1）理解价值定价法需要企业充分进行市场调研，了解消费者在选购产品时的影响因素，要充分考虑消费者的感知价值，想办法降低消费者的时间成本、精神成本及体力成本，增加产品价值、服务价值、人员价值和形象价值，使消费者产生购买产品物超所值，从而忽略价格的影响，而愿意为超值部分多支付货币。

（2）需求差异定价法是指同一种产品的价格差异并不是由于产品的成本不同引起的，而是基于对同一种产品，消费者对产品的需求和感受是不同的，企业充分考虑到这种差异性，对同一产品在同一种市场上制定两个或两个以上的价格。

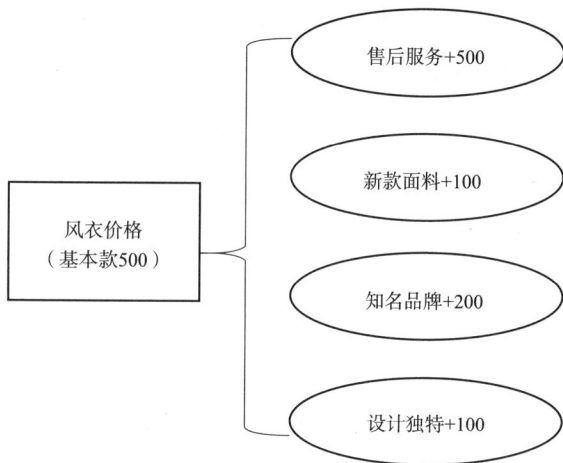

图 7-6　理解价值风衣定价

这种产品的价格差异并不是因为产品成本的不同而引起的，而主要是由于对同一种产品，不同顾客愿意支付的价格是不同的。制定价格差异的基础包括顾客差异，时间、空间差异等。

1）顾客差异。顾客差异是根据消费者的消费习惯、产品用途、收入水平等制定不同价格。如专卖店实行的会员制，可以根据会员的等级实行不同的折扣，有些店铺会根据节假日不同对特殊人群如教师、军人、医生等进行优惠，新老顾客的价格差异等。

2）时间、空间差异。服装产品的时间差异更加明显，通常产品引入期是没有优惠的，到了产品成熟期、衰退期，就会有很大的优惠，很多服装品牌同款服装在不同区域和经济发展水平不同的地区是有差价的。

3. 竞争导向定价法

竞争导向定价法是指企业密切关注竞争对手的价格，通过对比竞争对手的生产条件、技术水平、设计能力、服务状况等因素，结合自身的综合实力，参考成本和供求状况来确定自己的产品价格的方法。

竞争导向定价法的特点是企业制定的产品价格与成品和需求不发生直接联系，两者仅为参考。通常情况下，企业的价格变动只与竞争对手的价格有关，如果竞争对手价格调整，即使成本和需求没有变化，企业也会相应调整价格。竞争导向定价法包含随行就市定价法、主动竞争定价法和密封投标定价法。

（1）随行就市定价法。随行就市定价法也称通行价格定价法，是指企业为了避免价格竞争带来的损失，将本企业的产品价格保持在人们观念里的市场平均价格水平上。产品特色不是很明显，与竞争者的品种相同和相近的大多数企业都采用随行就市定价法。

采用随行就市定价法，企业就不必去全面了解消费者对不同价差的反应，也不会引起价格波动，利用这种方法，可以获得平均报酬，能与同行和平相处，避免激烈竞争产生的风险，平均价格在人们观念里被认为是合理价格，易被消费者接受。

（2）主动竞争定价法。主动竞争定价法与随行就市定价法不同，企业不是被动追随，而是主动对市场上竞争对手的产品价格进行调研，将价格分成高、合理、低三个档次，然后将本企业产品与竞争对手产品进行比对（产品性能、质量、成本、设计、服务等），分析价格差异原因，确定本企业价格，价格实施后，根据市场实际反映，相应进行价格微调。

主动竞争定价法不是追随竞争者价格，而是将竞争对手的价格作为参照，以市场为主体。主动竞争定价法的企业实力雄厚，有明显的品牌特征。

（3）密封投标定价法。密封投标定价法主要是在政府大宗采购等项目的投标中采用的一种定价方法。通常是采购方发出招标通知，说明采购产品的相关信息，邀请投标方在规定期限内投标。一般招标方只有一个，而投标方有多个，处于互相竞争的地位，标的物的价格是由竞争企业在各自独立、互不知情的情况下确定的。采购方通常会选择报价最低的投标方最终获得供货权，中标价格即最终产品价格。这种定价方法包含招标、投标和开标三个步骤，如图 7-7 所示。

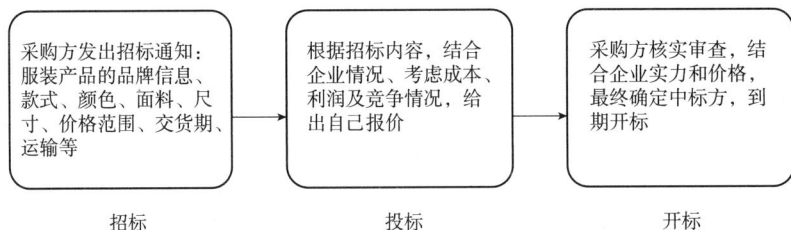

图 7-7　密封投标定价法的步骤

>>> 小链接

珠宝店珠宝首饰定价

某珠宝店专门经营有印第安人手工制作的珠宝首饰。几个月前，珠宝店进了一批由珍珠和白银制成的手镯、耳环与项链。同以往销售的绿松石相比较，颜色更鲜艳，价格却更低，很多消费者并不十分了解，对他们来说，是新的宝石品种。经理认为，宝石造型独特、款式新颖，一定会受到消费者青睐，形成购买热潮。为了让消费者觉得物超所值，她在考虑进货成本和平均利润的基础上，为这批珠宝制定了合理的价格。

一个月以后，产品销售情况并不乐观，经理尝试了多种促销手段，结果并不理想。为了尽快降低库存，她在新的采购出差前，告诉销售人员半价出售该系列宝石，之后就匆忙启程了。一周后，经理回来后发现，该系列宝石已被销售一空，她对销售人员说：

"看来，消费者并不能接受珍珠宝石，下次采购要更加谨慎。"销售人员却回答："珠宝没有降价，店长要求以两倍的价格销售，结果销售情况很火爆。"

——资料来源：网络资料整理

任务实施

定价方法分析及策划

目标品牌分析	虚拟品牌策划	要求
根据调研价格推断其定价方法	1. 制定定价目标 2. 结合品牌特征策划定价方法	团队成员根据目标品牌的价格及相关策略推断其定价方法，结合虚拟品牌特征，为虚拟品牌策划定价方法，并进行策略说明

任务三　服装产品定价策略分析及策划

任务目标

1. 了解各种定价策略，掌握其应用条件。
2. 培养学生分析问题，结合实际制定解决问题方案。

任务描述

团队成员根据目标品牌的价格特征推断其定价策略，结合虚拟品牌特征、消费者特征为虚拟品牌策划定价策略，并进行策略说明。

知识准备

【微课】
服装产品定价策略

【课件】服装产品定价
策略分析及策划

价格的高低决定企业利润的多少。除成本导向定价法、需求导向定价法和竞争导向定价法三种定价方法的选择和考量外，企业还可以根据宏观环境、微观环境、行业特点、产品因素、消费者购买心理等因素采取适当的定价策略，使企业的价格更容易被消费者接受，从而获得更高的利润。

一、新产品定价策略

新产品的开发关系企业的未来，每次新产品的定价都是一次挑战，价格的高低直接影响企业产品的销量和利润。企业在为新产品制定价格时要全面考察，掌握目标消费群的购物行为，兼顾竞争，同时，估计企业和产品的市场形象，综合考量，制定适合市场的价格。一般新产品定价方法有以下三种定价策略。

1. 撇脂定价策略

撇脂定价策略也称高价策略，撇脂是在牛奶中撇取奶酪，取其精华部分。撇脂定价策略是指企业以高于成本的价格将新产品投入市场，在竞争者还没有进入市场之前，在短期内获取高额利润，尽快收回投资，然后逐渐降低价格的策略。

企业采用撇脂定价策略能够在新产品上市之初快速回收资本，减少投资风险，且能获得高额利润。在没有竞争对手的初期，较高的价格可以形成高质量、名牌产品的效应，同时，初期的较高价格为后来的竞争者加入留下很大的价格空间，产品进入成熟期后拥有较大的调价空间。

采用撇脂定价策略的条件如下：

（1）撇脂定价策略适用于市场需求量大且需求价格弹性小，消费者愿意为获得产品价值而支付高价的细分市场，消费者购买能力强且对价格不敏感。

（2）企业是某一新产品的唯一供应者时，采用撇脂定价策略可使企业利润最大化。

（3）短期内没有替代品或替代品少，产品差异化明显。

（4）企业有价格或产品能力应对竞争者。

2. 渗透定价策略

渗透定价策略也称低价策略，渗透犹如海绵吸水，薄利多销。渗透定价策略与撇脂定价策略恰好相反，是在新产品投放市场初期，将价格定得相对较低，以吸引大量消费者，增加销量，提高市场占有率。

采用渗透定价策略不仅有利于迅速打开产品销路，抢先占领市场，提高企业和品牌的声誉；而且由于价低利薄，从而有利于阻止竞争对手的加入，保持企业一定的市场优势。

采用渗透定价策略的条件如下：

（1）通常渗透定价策略适用于产品需求价格弹性较大的市场，消费者对价格敏感，低价可以使销售量迅速增加。

（2）要求企业生产经营的规模经济效益明显，成本能随着产量和销量的扩大而明显降低，从而通过薄利多销获取利润。

（3）产品差异小。

（4）产品市场已经被占领，为了进入市场。

（5）潜在市场大，有吸引力。

3. 满意定价策略

满意定价策略是一种介于撇脂定价策略和渗透定价策略之间的定价策略。企业在新产品刚刚进入市场时，将价格定在一个相对合理的价格水平，是一种比较温和的定价策略。

满意定价策略兼顾考虑消费者的利益和企业利润。满意定价策略避免了撇脂高价的竞争和消费者拒绝，也避免了渗透低价带来的利润低和风险大的困难，将价格定在中间水平，基本能做到使供求双方都满意。

满意定价策略适用于需求弹性适中、销售增长稳定的产品。

二、折扣定价策略

服装企业的折扣定价策略是指企业根据产品的销售对象、购买数量、交货时间、付款条件等因素的不同，给予购买者不同优惠折扣的定价策略。这种策略的对象通常包括中间商和消费者。服装企业利用各种折扣和让价吸引经销商与消费者，促使批量购买、及早付款、换季购买等，从而达到扩大销售、提高市场占有率的目的。

1. 现金折扣

现金折扣是指企业对在规定时间内提前付款或用现金支付的购买者给予的在原价基础上一定价格折扣的方法。采用现金折扣的定价策略的企业主要目的是鼓励消费者尽快付款，加速企业资金周转，及时收回应收账款，保持充足的现金流，减少收账费用和坏账。现金折扣通常要考虑折扣力度、时间期限。

2. 数量折扣

数量折扣是指服装企业为刺激客户大量购买而给予其一定的折扣，按照购买数量的多少，分别给予不同力度的折扣，购买量越大，折扣就越大。企业这样做的目的是鼓励消费者大量购买，同时吸引大量顾客成为企业长期顾客，建立长期商业关系。数量折扣包含累计数量折扣和非累计数量折扣。

3. 功能折扣

功能折扣又称交易折扣，是服装企业根据中间商在市场中的地位和对企业承担的功能大小所给予的折扣。中间商的功能包括品牌推广能力、货品存储能力、销售能力及服务功能等，一般给予批发商的折扣大于零售商。

4. 季节折扣

季节折扣是指服装生产企业为了回收成本，减少库存压力，对过季产品进行折扣销售，也称反季节销售。通过季节折扣，可以减少资金和仓储费用，为新产品开发提供资金。例如，皮草、羽绒服等会在夏天采取折扣销售，以吸引对价格敏感的顾客。

三、服装产品组合定价策略

服装产品组合定价策略主要是服装企业针对本企业各种产品之间价格策略，是对不同组合搭配产品之间、市场表现不同的产品组合之间的价格策略。在这些组合产品中，可以有招徕价格，用以吸引消费者，也可以有高价格用来获取利润。服装产品组合定价策略包括产品线定价策略、附带产品定价策略和搭配产品定价策略。

1. 产品线定价策略

产品线定价策略是指服装企业为了满足消费者对同一种产品的不同档次需求，对同一产品线上不同规格、品种、质量、档次、花色、面料等产品项目制定不同价格的策略。在产品线中，有的产品价格很低，起到招徕作用，有的价格很高，是服装企业品牌象征，同时承担回收利润的角色。

例如，某品牌女装秋冬款服装定价：打底衫：79 元；打底裤：49 元；毛衫：199 元、299 元、599 元；风衣：499 元、599 元、799 元；羊绒大衣：799 元、899 元、1 099 元。

2. 附带产品定价策略

附带产品定价策略就是在主产品使用时，通常会有配套使用的产品，在价格制定时，可以采用主产品价格低，附带产品价格高，通过主产品的低价格吸引消费者，附带产品使用频率高、价格高，获得更多利润。例如，某个男装品牌，为了大学生面试开发面试装西服，价格相对较低，吸引即将毕业的大学生，同时开发系列衬衫，制定中等价格搭配西服。

3. 搭配产品定价策略

搭配产品定价策略是指服装企业为了促进销售和消费者连单购买，企业将可以互相搭配的产品组合在一起销售，搭配销售的产品价格低于单独各个产品价格的总和。企业通过搭配组合销售产品，让消费者觉得搭配好成套购买方便实惠，促进销售。

四、心理定价策略

心理定价策略是基于对消费者购物行为的研究、运营心理学的原理，根据消费者在购买产品时不同的心理诉求来制定价格的策略。通过心理定价策略可以刺激消费者购买以满足其心理的、生理的、物质的和精神层面的需求，从而达到增加销售量、扩大市场份额的目标。心理定价策略包括尾数定价法、整数定价法、招徕定价法和声望定价法。

1. 尾数定价法

尾数定价法是指企业在制定价格时，尽可能保留零头，不进位，让消费者产生产品价格是经过精确计算出来的信任感。尾数定价法适合价格低的产品，在服装上多体现在袜子、内衣等低价高消耗的产品。近年来，很多服装企业利用消费者喜欢 8、9 这样数字的特点，将服装产品定价都带上了尾数，满足了消费者对数字的谐音认知心理，如价格为 168、699 等，同时，非整数也会使消费者产生价格优惠的感觉。

2. 整数定价法

整数定价法与尾数定价法相反，定价策略更加适合高品质产品，企业有意将产品的价格定为整数，整数定价法更适用于价格较高的产品，会符合消费者"一份价格一分货"的购物心理，整数定价法的目标顾客群更加注重产品的品质，他们通常认为价格越高，产品质量越好，越能代表自己的身份地位。采用这种定价方法，一般产品的价格在整数以下，制定价格时提高到整数以上，如产品核算价格在 9 000 多元，利用整数定价法时，将价格定在 10 000 元，从四位数越到五位数，增加产品的附加值，提升产品的身价，刺激消费者的购买欲望。

3. 招徕定价法

招徕定价法是指企业为了满足消费者求廉的购物心理，特别选择几款产品将价格定得很低，低于一般市场价格，以此作为吸引消费者的手段，扩大销售。服装企业一般会在自己的专卖店设置特价产品区，并做宣传推广，招徕消费者。

4. 声望定价法

声望定价法也称名牌定价法，是很多奢侈品牌和知名服装设计师品牌经常采用的定价策略，是指利用消费者对知名品牌的仰慕和对知名设计师的认可，利用消费者价高质必优的消费心理，将产品的价格定得很高。声望定价法的消费者往往不在意产品的价格，更注重产品带给自己的附加值，是否能显示身份、地位，价格越高，心理满足感越强。

五、差别定价策略

差别定价策略是企业对同一种产品的不同顾客、不同产品形式、不同销售地点及不同销售时间制定不同价格的策略。

1. 顾客差别定价

顾客差别定价是指企业在销售产品时，按照不同的价格将同一产品卖给不同的顾客。例如，服装企业将产品卖给批发商的价格要低于零售终端的价格，专卖店里面 VIP 的价格要低于初次购买者的价格。

2. 产品形式差别定价

产品形式差别定价是指企业对于同一品质的产品，根据其设计款式、结构、颜色、型号等方面的不同制定不同的价格。例如，不同颜色的同款服装制定不同的价格。

3. 地点差别定价

地点差别定价是指企业对处于不同地点的同一产品制定不同的价格。例如，有些品牌的服装在不同城市价格不同，在一线城市和二线城市有价格差异，根据当地的经济收入来调整价格，有地区差价，服装产品实体店和网络店铺的价格差异。

4. 时间差别定价

时间差别定价是指企业对同一产品在不同的季节、生命周期采用不同的价格的定价策略。例如，服装产品的节假日折扣、反季节销售等。

>>> 小链接

一折销售

位于日本东京的银座绅士西装店，他们首创的打一折市场营销案例一举轰动了整个东京。具体策略是这样的：第1天商品打九折，第2天商品打八折，以此类推，第13天、14天商品打两折，最后两天打一折。很多人会认为最后几天去肯定最划算，其实不然，请看商家的统计现象。

很多顾客第一天过来，多半是为了猎奇，多数都是只看不买，但是，从第3天开始，顾客开始群拥而至了，当商家打到六折时，顾客摩肩接踵，天天爆满，结果是没有等到最后几天，所有商品都被抢购一空。

其实，抢购只是商家的一种促销手段，基本没有谁会真的等到最后两天采取选购。同时，商家最大化地利用了不同客户群体贪图便宜的心理，将商品在各种折扣的背景下销售了出去，可谓市场营销的一大创新。

相信很多人看完这个案例都会联想到国内一个连锁品牌——钱大妈。很多人都听过一个口号：不卖隔夜肉，没错，这就是钱大妈提出来的。钱大妈的营销策略就是每天晚上7点开始打九折，每隔半小时再打低一折，直至免费送！这一促销手法和日本的银座绅士西装店如出一辙，不同的是，一个放在十几天内陆续打折，一个放在一天内陆续打折。

——资料来源：根据网络资料整理

任务实施

定价策略分析及策划

目标品牌分析	虚拟品牌策划	要求
根据调研价格推断其定价策略	结合品牌特征、目标顾客消费习惯策划定价策略	团队成员根据目标品牌的价格特征推断其定价策略，结合虚拟品牌特征、消费者特征，为虚拟品牌策划定价策略，并进行策略说明

考/核/评/价

教师评价表（教师评价占学生成绩的 70%）

| 考核项目： | | | 班级： | |
| 团队名称： | | | 成员： | |
考核任务	考核内容		得分	总分
价格构成（30分）	对价格调研是否全面，价格分析是否到位，虚拟品牌价格区间设定是否符合品牌特点			
定价方法（40分）	定价方法推断依据充分，符合目标品牌特点，虚拟品牌定价方法策划合理			
定价策略（30分）	目标品牌定价策略判断准确，虚拟品牌定价策略策划符合品牌特点，有创新			

小组成员互评表（小组成员互评占学生成绩的 30%）

| 考核项目： | | | 班级： | |
| 考核成员： | | | 被考核成员： | |
考核任务	考核内容		得分	总分
承担任务完成情况（40分）	能够较好地完成团队分配任务，内容完善，有始有终，及时完整			
团队合作能力（20分）	有较好的合作配合、组织领导能力			
处理突发问题能力（20分）	能够解决处理突发问题，及时沟通			
个人能力（20分）	对问题有想法，有前瞻性，能够提出建设性建议			

项目八
服装营销渠道策略

项目导入

　　服装营销渠道策略是服装企业将自己的产品转移到消费者手中的流通渠道，是整个营销系统的主要组成部分。服装营销渠道的构建和运行受到企业、环境、消费者等多方面的影响与制约。销售渠道的构建直接影响企业的成本和市场竞争力，企业要根据自身实力分析环境因素，结合市场情况分析目标消费者，设计渠道体系，以保证企业最终销售目标的实现。

学习目标

知识目标：

1. 掌握服装营销渠道的结构。
2. 掌握中间商选取办法。
3. 掌握服装营销渠道成员设置及终端设置。

能力目标：

1. 能够理解服装营销渠道的结构，并能根据企业特点进行渠道结构分析和策划。
2. 能够掌握服装营销渠道成员管理办法，结合实际情况设计符合企业特点的中间商选取办法；能够结合实际，根据目标消费者情况策划终端卖场。

素养目标：

1. 培养学生的市场敏感度。
2. 培养学生的团队合作精神。
3. 培养学生综合分析问题和解决问题的能力。

▶【案例引入】

"悦衣"严选的新零售模式

"悦衣"（DressEase）作为全国首家新零售模式下探索终端交互设计体验的门店，将线上便捷又全面的选款与线下所见即所得的试款巧妙结合，从进店选购到最终交付的方式都与传统零售门店之间有着极大的差别。

目前，"悦衣"主攻女装零售市场，聚焦于探索品牌产品与消费者之间的信息交互，关注场景化的体验式消费，希望为消费者打造最舒适、无压力的消费场景。

店内的Pad自助选衣灵感源自创始人在美国留学期间探访的某终端零售店铺，"Pad自助导购试衣间"，运用高科技试衣理念，从消费者进店、Pad自助选衣、后台备衣、进入试衣间到结账，即可轻松完成购物。

"悦衣"打破传统束缚，用创新和走心的探索，在新零售的概念中，为消费者提供了全新的购物体验。

与传统服装零售终端相比，"悦衣"的所有特点可以总结为高效无压力的选购，这也是最吸引当下年轻群体的消费点，不仅可以避免与店员的尴尬接触，而且在一家店就可以挑选多种风格的衣服，整体选购流程非常高效，还可以和朋友在一个试衣间相互参考，全程无外界压力。对此，本文将其优势特征大致归为以下几个方面：

（1）人货分流。传统服装零售终端的产品陈列占据了店铺的绝大空间，陈列水平也极大影响了视觉效果，进而对进店率和成单率产生影响，更决定了消费者的购物体验。"悦衣"这一人货分流的策略很好地避免了消费者受到部分服装单品的错误引导而不进店，这一整体新颖的新零售模式会增强消费者的好奇心，从而达成更高的进店率。

（2）严选服装。"悦衣"挑选入驻品牌的标准主要有品牌实力、产品性价比、是否为原创设计。针对品牌实力，"悦衣"会了解该批入驻品牌的创立时间、品牌实力等信息，也会考量品牌本身是否具有一定知名度、粉丝群体画像是否详细、品牌的粉丝数量等；关于性价比，除最为基础的面料、工艺、成衣质量一系列水平需达标外，最重要的是服装的性价比要高，"悦衣"对此的标语是拒绝"存在不合理溢价的产品"；在原创性方面，为确保每个入驻品牌都有其独有的产品风格，入驻品牌提供的服装必须是不抄袭、不盗版的，基于这样的标准，20余家入驻品牌就能有20余种独特的风格。

（3）无干扰Pad选衣。Pad是这家店最大的亮点，也是对于终端交互体验的探索中最为核心的秘密武器。消费者只需要从Pad上挑选，或通过自己的手机打开"悦衣"App，滑动浏览就能够完成衣服的挑选，挑选页面既有模特上身图展示，也有搭配推荐，十分清晰直观。Pad上的模特上身图可以有效吸引消费者的注意，这种更直观的感受可以很直接地提升试衣后的成交率，搭配推荐也能够非常有效地提升连带率。

（4）后台试衣间自动备衣。消费者选择好了要试穿的衣服，店员会将衣服放进试衣间，等待的时候也可以看看店内的陈列墙上的饰品与包款，可以上身试背。店内也摆放有瓶装水和糖果，可以随意取用。

（5）应召式店员。在"悦衣"选购的全过程中，消费者无须与店员接触，避免了传统零售终端中店员给予消费者的无形压力，同时，也为店铺节省了大量成本，店铺不再需要对店员做大量服务方面的培训，相对传统终端门店而言，也可以减少一定的店员数量。

（6）4平方米试衣间。"悦衣"的每家门店试衣间都有4平方米左右，可以满足两人同时试衣，这无疑最大程度上迎合了年轻消费群体的需求，让她们可以与闺蜜一起试衣，相互参考。试衣间的装修风格也很适合拍照打卡，这也为品牌的口碑营销奠定了一定的基础。目前，大量主流社交平台上，都有大量的打卡照片结合推广软文。试衣间墙上内嵌有Pad，也安装有专门的手机架和包架。墙上的Pad可以改变氛围灯的颜色，如有想试的衣服，在试衣间内也可以追加试衣，只要在Pad上选择，店员就会将衣服送到门口。

（7）大数据检测。从进店开始，消费者和产品之间产生的所有交互，最终都会演化为后台有迹可循的数据库。后台的大数据可以检测到每一款式单品被浏览的次数、每一页面停留的时长、单品的试穿率、最终成交率等。这不仅简化了"悦衣"的复盘难度，对于入驻的品牌也具有极大的借鉴意义，这是终端对于设计师、对于品牌最直接也最直观的反馈。

这种大数据的检测更是摆脱了传统服装门店需要依靠人工的低效率，也可以对库存做更有效的管控。

案例思考：1.什么是新零售模式？

2.传统销售渠道和创新营销渠道如何共存？

——资料来源：刊参考网 https://www.fx361.com/page/2022/1019/10743378.shtml

任务一　认知服装营销渠道

任务目标

1.了解服装营销渠道的概念。

2.掌握服装营销渠道的结构及渠道选择考虑因素。

3.培养市场敏感度，及时掌握行业动态。

团队成员对目标品牌进行渠道长度、宽度分析，在分析虚拟品牌营销渠道影响因素的前提下，策划虚拟品牌的渠道长度和宽度。

【微课】
服装营销渠道概述

【课件】
认知服装营销渠道

一、服装营销渠道的概念

服装营销渠道是指产品从服装制造商（生产者）向消费者或用户转移过程中取得产品所有权或帮助所有权转移的所有组织和个人。服装营销渠道是一个网络，由一系列成员构成，成员包括生产商、中间商、其他辅助商最终到达消费者手中。

从以下四点可以更好地理解服装营销渠道的概念：

（1）服装营销渠道的起点是服装生产商，终点是消费者。

（2）服装营销渠道参与者包括产品流通过程中各种类型的中间商、物流运输、银行、广告代理等。

（3）服装营销渠道中产品或劳务的转移是以所有权的转移为前提的。

（4）服装营销渠道是指某一特定的产品从生产者到消费者或用户所经过的流通途径。

二、服装营销渠道的结构

服装营销渠道的结构包括长度结构和宽度结构。按照营销渠道之间是否有中间环节可分为直接渠道和间接渠道；按照营销渠道中间商参与的多少可分为长渠道和短渠道，即渠道的长度结构；按照营销渠道同一层次中间商的多少可分为宽渠道和窄渠道，即渠道的宽度结构。

1. 直接渠道和间接渠道

（1）直接渠道（图 8-1）是指生产商直接将产品销售给消费者，而不通过任何中间环节的分销渠道，如产品定制、销售人员直接上门推销等。

生产商 —————————— 消费者

直接渠道

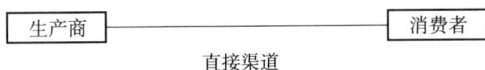

图 8-1　直接渠道

（2）间接渠道（图 8-2）是指生产商通过中间商来销售产品的营销渠道。

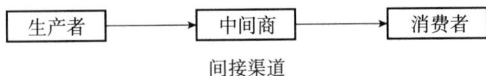

生产者 ——→ 中间商 ——→ 消费者

间接渠道

图 8-2　间接渠道

2. 长度结构

长度结构又称层级结构，是指营销渠道中层级数量的多少，根据层级数量多少划分为短渠道和长渠道。

（1）短渠道是指生产商自己销售（图 8-3）或仅利用一个中间商（图 8-4）销售自己的产品。

生产商 —————————— 消费者

图 8-3　零级渠道

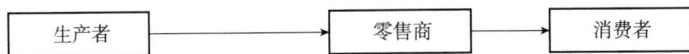

生产者 ——→ 零售商 ——→ 消费者

图 8-4　一级渠道

（2）长渠道是指生产商利用两个（图 8-5）或两个以上（图 8-6）的中间商销售自己的产品。

生产商 — 批发商 — 零售商 — 消费者

图 8-5　二级渠道

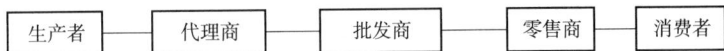

生产者 — 代理商 — 批发商 — 零售商 — 消费者

图 8-6　三级渠道

3. 宽度结构

宽度结构是指在营销渠道的每个环节或层次中，使用相对类型的中间商的数量，同一层次或环节使用的中间商越多，营销渠道就越宽；反之，营销渠道就越窄。营销渠道的宽度与企业产品的类型、市场特点、消费者特征、企业渠道战略等因素有关。营销渠道的宽度结构包含以下三种类型：

（1）密集性分销策略。密集性分销策略也称广泛性分销，是指生产商在同一渠道层级上尽可能多地选用中间商来经营自己的产品。一般在服装中，品牌特征不明显的袜子、内衣等采用这种分销策略。

采用密集性分销策略的具备条件：从渠道经销的产品因素来看，产品属于消费者希望方便购买且使用频率较高的产品；从产品市场因素来看，希望与企业建立业务关系的中间商多，且不受销售区域限制；从生产商角度来看，企业能够允许中间商自由定价，企业对中间商没有销售标准的要求，企业允许中间商不承担销售促进和广告义务，企业允许中间商经营竞争品牌，企业希望获得较高的销售额。

（2）选择性分销策略。选择性分销策略是指生产商在同一渠道层级上根据某些条件进行评估，有选择的少量的中间商来经营自己产品的一种分销策略。大部分的服装品牌采用这种分销策略。

采用选择性分销策略的具备条件：从产品特性来看，企业经营产品性能可以使消费者不在意商店的远近，出售这类产品的零售店在地里分布上并不要求太密；从生产商因素来看，企业希望控制产品的零售价，企业希望控制产品的流通量，企业希望管理产品的销售促进活动；从渠道管理来看，企业和零售商之间需要建立协调一致的关系。

1）必须对经销商进行严格选择。企业与中间商目标顾客的一致性；中间商的销售能力；中间商的数量要以提高效率为前提。

2）为了尽可能避免中间商之间的竞争，最好在一个区域只选择一家经销商。

3）在采用选择性分销策略时将零售商专卖店化，也是一种可供选择的方法。

4）需要建立产品陈列、销售方法和销售价格方面的有效控制。

（3）独家分销渠道策略。独家分销渠道策略是指生产商在同一渠道层级上只选用唯一的一家中间商来经营自己产品的一种分销策略。服装行业知名品牌或奢侈品牌采用这种策略，以吸引特定目标顾客，营造稀缺氛围。

独家分销渠道策略的优势：可确保企业的销路，易于收集市场信息，便于产品以适当的数量、时间和地点，并以适当的价格提供，易于建立企业与销售商的协调关系，企业的政策易于向销售商推行。

从企业的角度看，必须给予独家分销的商店以较大的援助，同时，独家分销的零售商缺乏销售欲望和竞争意识，效率低下；从消费者角度看，产品的品种选择受到限制，且价格变动困难，抑制了价格方面的竞争。

三、服装营销渠道的选择

1. 渠道选择考虑的因素

（1）企业产品本身特征。企业在设计营销渠道时要考虑自己企业生产经营的产品性能特征、产品价格区间，服装产品的流行趋势、生命周期，在选择渠道长短、宽窄上面一定要考虑企业的产品特征。

（2）目标消费人群特征。企业产品定位的目标人群也是设计企业营销渠道要考虑的重要因素。目标消费者地理分布、城市级别、购买频率、购买习惯，目标人群的人口因素、消费习惯、消费心理及购买时间等也是需要重点分析的。

（3）分析竞争对手渠道策略。企业和竞争对手的目标顾客群相同，目标顾客购物习惯和购物场所相似，消费者也喜欢在购物时能够及时对比同类产品，一般企业在设计渠道时会参照竞争者渠道。

2. 渠道设计流程

渠道设计流程如图 8-7 所示。

```
分析消费者 ——— 确定渠道目标 ——— 评估备选方案 ——— 确定渠道方案
```

图 8-7　渠道设计流程

（1）分析消费者。企业在进行渠道设计时首先要对消费者进行分析，确定消费者的购买频率和在一次购买行为中购买产品的数量。了解消费者收到货物的平均时间，实地考察分销渠道对消费者购买产品的方便程度及分销渠道提供的附加服务，包括信贷、送货、安装、维修等。

（2）确定渠道目标。渠道设计最终要解决的问题是找到让企业产品最终达到目标消费者的最佳途径。渠道目标设计要符合企业实际，企业必须在宏观环境和微观环境下设计其渠道，企业要协调好各方面的利益关系。

（3）评估备选方案。渠道目标确定了以后，要考虑确定渠道的长度和宽度、渠道层次的多少及中间商的数目、种类选择要考虑消费者情况、产品情况等。

（4）确定渠道方案。经过对所选渠道备选方案的经济性、控制性和适应性进行科学评估后，企业通常能够筛选并确定符合自身需要的最佳分销渠道模式。

⟫ 小链接

海澜之家新零售案例

海澜之家的成功主要表现在轻资产、库存零风险、深度赋能、重经营和快速反应五个方面。

1. 轻资产

海澜之家本身并不参与服装产业链的上游。将服装的生产、设计、运输等环节均实现了外包，所有服装的设计、样式，都是由供应商设计师提供的。之后再由海澜之家总部设计师根据当下流行趋势，对款式进行挑选，最后下达订单。整个经营成本大幅下降，不用长期培养自己的设计师团队，厂房、厂工等重资产大幅减少，没有大规模的固定资产投入的摊销，对利润影响最少。

2. 库存零风险

供应商参与服装的设计与生产，但同时需要承担全部库存风险，因此，加盟商可以获得更高的毛利率。卖不出去的服装，海澜之家还将退回生产商或从厂商处进行二次进货，由旗下折扣店品牌"百依百顺"进行销售。这些做法直接转嫁了存货风险，免去了海澜之家及全国各地加盟店的库存风险溢价。

3.深度赋能

海澜之家将经营核心放在品牌塑造和上下游赋能上，通过打造服装产业路由器，建立了一套完整的共享型供应链管理平台。将生产端上下游、海澜之家和终端加盟商结为利益共同体。在生产端公司联合上下游主要的生产供应商与原辅料供应商谈判，以获得高质量、低价格的男装产品。

4.重经营

为了强化对品牌终端的控制力，加盟商交了加盟费之后，只能拥有门店的所有权，并且承担经营费用，实际上经营权还是归海澜之家所有。由海澜之家统一委派店长负责经营和管理，这样的方式直接降低了加盟商的门槛，作为加盟商，并不需要对经营或服装行业有过深的认识，只需要保证资金运转即可，这也成为海澜之家线下门店急剧扩张的原因之一。

5.快速反应

海澜之家通过每周分析门店零售数据，抓取最新的消费趋势并且制定新一轮的产品款式。生产供应商则根据海澜之家提供的提案自行设计开发并交由海澜之家筛选打分，打分合格的样稿再进行加工生产，并最终送往终端门店销售。这种共享市场信息的合作方式加快了海澜之家的市场节奏，每年可推出30批次的新款休闲男装，因此，海澜之家对消费者的需求变化，能够快速做出反应。

任务实施

渠道结构分析及策划

目标品牌分析	虚拟品牌策划	要求
分析目标品牌渠道的长度、宽度结构	分析虚拟品牌的渠道影响因素，进行渠道长度、宽度策划	团队成员对目标品牌进行渠道长度、宽度分析，在分析虚拟品牌营销渠道影响因素的前提下，策划虚拟品牌的渠道长度和宽度

任务二　服装营销渠道管理分析及策划

任务目标

1. 掌握中间商的选取条件。
2. 掌握渠道冲突解决办法。
3. 培养团队合作精神，成员之间互相成就。

团队成员对目标品牌中间商选取条件、渠道成员冲突解决办法进行调研，结合虚拟品牌特点，策划虚拟品牌中间商选取条件及渠道成员冲突解决办法。

知识准备

【微课】服装营销
渠道构成与管理

【课件】服装营销渠道
管理分析及策划

服装营销渠道管理是指服装企业为实现公司经营目标而对渠道成员进行管理，确保产品能够顺利送到消费者手中，确保公司和渠道成员之间沟通顺畅，彼此共赢。营销渠道管理包括中间商选取、渠道冲突解决、激励渠道成员等。

一、中间商

1. 中间商的作用

中间商存在可化解或减弱供给与需求的平衡过程中存在空间、时间、信息、价格以及供求数量和花色品种等方面的矛盾，中间商具有订货功能，利用中间商可以减少交易次数（图 8-8），达到经济节约的目的，利用中间商可以扩大营销范围，克服资金不足、信息不灵等困难。

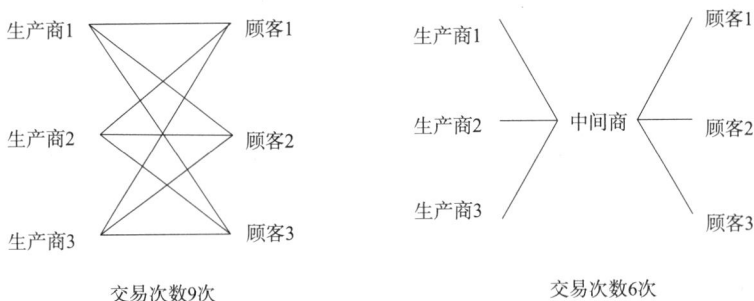

图 8-8　中间商的作用

2. 中间商的选取条件

（1）中间商的市场覆盖能力。中间商是连接生产者和消费者之间的桥梁。中间商的市场覆盖能力直接关系到企业的产品能不能直接送到消费者手中，中间商的经营范围要能覆盖企业的目标顾客，这是选取中间商首要考虑的条件。

（2）中间商的产品销售能力。首先，要看中间商经营产品的品类和自己的产品是竞争品还是互补品，后者可以增加产品销量；如果品牌产品有明显优势，可以选择前者，有竞争力的产品销量增加。其次，要看中间商对企业产品的了解程度，是否有经销经验，经验丰富的经销商能很快打开销路。

（3）中间商的财务能力。账务能力主要是中间商能不能按时结算、是否能预付款、回款速度等。中间商的财务能力越强，销售成功可能性越高，合作成功性越高。

（4）中间商的综合服务能力。综合服务能力包括售后服务、对产品的技术支持、财务支持及运输仓储等。合适的中间商所能提供的综合服务项目与企业需要的完全一致。

（5）中间商的合作能力。中间商和生产商之间合作的好坏，直接影响产品的销售结果。中间商在合作过程中是否配合企业，对于整个渠道建设成功与否起着至关重要的作用。积极主动的合作能够实现双方共赢。

二、渠道冲突解决的办法

渠道冲突是由于渠道的同一层次之间、不同层次之间的成员，由于各自的利益和资源分配的原因产生分歧和冲突。

1. 渠道冲突的原因

（1）目标不一致。无论企业采用何种渠道设计，生产商和中间商之间、中间商和中间商之间，渠道成员站在各自的立场上，都在争取各自的利益最大化，生产商希望中间商存货更多、毛利更低、投入更多的宣传成本等，中间商则相反，当大家目标不一致时就会产生冲突。

（2）有限的资源。每个企业的资源优势是有限的，生产商和中间商都想利用对方的资源，会产生冲突；生产商对不同中间商在资源分配上的不均衡也会产生冲突。

（3）沟通不畅。在渠道的长度和宽度上都有很多渠道成员，渠道成员之间、生产商和中间商之间，可能对渠道中发生的事情由于不了解而产生分歧，如果这些存在的问题和不同主张不能及时通过沟通解决，就会产生冲突。所以，渠道成员之间一定要及时进行沟通，统一思想，利益共享，避免冲突。

2. 解决渠道冲突的途径

（1）生产商在建立渠道、选择中间商时，就要明确界定各渠道成员的权利、责任和活动范围；制定铁的政策，不允许有串货、跨区域销售的行为发生。

（2）明确信息沟通机制，与生产商和中间商之间、渠道成员之间定期沟通，通过各种方式和手段密切加强渠道成员之间的沟通。

（3）寻求外部力量，冲突有时候需要通过第三方调解和仲裁等方式解决。

（4）建立相关规范，当出现渠道冲突时，可以根据预先设定的规范和程序得以解决。

王老吉传统渠道的管理

王老吉的传统渠道包括经销商（代理商）、批发商、邮差商及一些小店等。王老吉通过分区域、分渠道的方式覆盖了小店、餐饮、特通等终端店，形成了完整的销售网络。

如何保证传统渠道的稳定呢？王老吉采用了双赢的办法，即在产品到达消费者手中之前，先让中间商赚到钱。因为只有先让经销商赚到钱，企业才能保障拥有稳固的销售渠道，进而保证利润。王老吉在每个省设1个总经销商，总经销商下面可以发展多个经销商、邮差商。王老吉营销模式最大的优点就是能够保障每个分销环境的高利润，从而最大限度地调动经销商的积极性。王老吉每年会给省级经销商、区域经销商设置任务，对完成任务的经销商会根据销量返还固定的金额，同时要求办事处人员每天拜访终端、开发新顾客的数量，正是这种渠道管理、开发方式成就了今天的王老吉。

任务实施

渠道管理分析及策划

项目	目标品牌分析	虚拟品牌策划	要求
中间商选取条件			团队成员对目标品牌中间商选取条件、渠道成员冲突解决办法进行调研，结合虚拟品牌特点，策划虚拟品牌中间商选取办法及渠道成员冲突解决的办法
渠道成员冲突解决办法			

任务三　服装营销渠道分析及策划

任务目标

1. 了解渠道成员及中间环节。
2. 掌握营销渠道终端设置。
3. 培养综合分析问题和解决问题的能力。

任务描述

团队成员对目标品牌进行终端渠道调研，结合虚拟品牌目标消费者购物场所特点，策划终端。

【微课】服装营销
渠道构成与管理

【课件】服装营销渠
道分析及策划

一、服装营销渠道成员

服装营销渠道是指从生产商到消费者的流通渠道。其成员包括服装生产商、服装中间商、服装消费者和其他辅助商。

1. 服装生产商

服装生产商是指为服装营销渠道提供服装产品的企业，是这个营销渠道建设的组织者，也是渠道的源头。服装生产商提供给整个营销渠道的产品是否符合目标消费者的需求，直接决定整个渠道的效率和效益，同时，渠道的构建者致力于营销渠道的建设和管理，也会推动和完善渠道的创新。

2. 服装中间商

服装中间商是指将生产商的产品传递给消费者的商业企业。其主要包括服装生产商的代理机构、服装批发商、代理商和零售商。中间商是渠道功能的主要承担者，渠道建设是否成功，中间商起着关键作用。

3. 服装消费者

服装消费者是服装营销渠道的重点，渠道的任务就是将产品最终送到消费者手中，所以渠道能否成功，关键是要看消费者是否认可企业的产品，是否认可渠道的便利性和可送达性。在构建营销渠道时，一定要充分考虑消费者的时间成本、体力成本和精神成本，满足消费者的物超所值的购物体验。

4. 其他辅助商

其他辅助商是指渠道在运行过程中支持渠道业务的成员，它们不参与渠道所有权的转移，仅为整个渠道运行提供便利和支持，如运输仓储、银行保险及广告咨询等。

二、服装营销渠道的中间环节

在渠道环节中，中间商参与了实体流（图 8-9）、所有权流（图 8-10）、信息流（图 8-11）、货币流及促销流的各项功能。

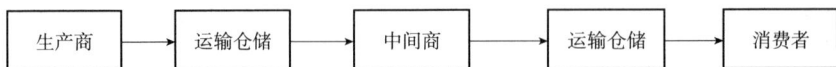

```
┌─────────┐   ┌─────────┐   ┌─────────┐   ┌─────────┐   ┌─────────┐
│ 生产商   │──▶│ 运输仓储 │──▶│ 中间商   │──▶│ 运输仓储 │──▶│ 消费者   │
└─────────┘   └─────────┘   └─────────┘   └─────────┘   └─────────┘
```

图 8-9　实体流

```
┌─────────┐   ┌─────────┐   ┌─────────┐
│ 生产商   │──▶│ 中间商   │──▶│ 消费者   │
└─────────┘   └─────────┘   └─────────┘
```

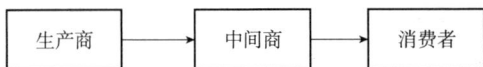

图 8-10　所有权流

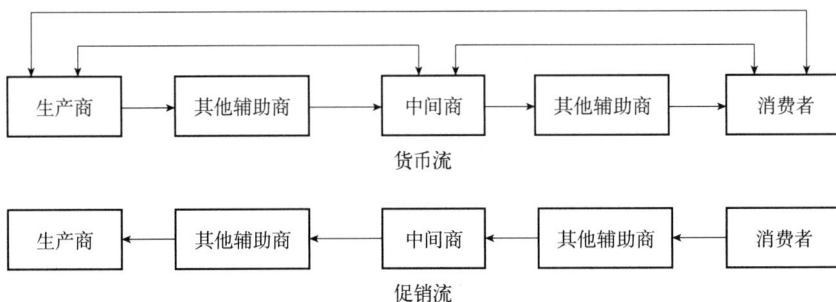

```
生产商  →  其他辅助商  →  中间商  →  其他辅助商  →  消费者
                        货币流

生产商  ←  其他辅助商  ←  中间商  ←  其他辅助商  ←  消费者
                        促销流

生产商  →  其他辅助商  →  中间商  →  消费者
```

图 8-11　信息流

1. 服装批发商

服装批发商是指从服装生产企业购买服装产品，再转售给零售商、产业用户或非营销组织，以赚取差价的中间商。服装批发商不直接服务于终端消费者，拥有大量的货物，通过购买获得产品所有权。服装批发商在营销渠道中具有销售功能、产品储存运输功能、沟通产品信息功能、分担风险功能、为零售商提供服务功能等。

2. 服装代理商

服装代理商是代理服装市场企业进行服装产品销售的，其本身并不拥有服装产品的所有权，不实际购买产品，只通过销售服装产品赚取佣金。服装代理商与经销商的区别：服装经销商拥有产品的所有权，是自己买断了产品，自行承担产品销售成绩的风险。根据代理人得到的权限，可将代理分为独家代理、一般代理和总代理等。服装企业采用服装代理商制度可以弥补开拓渠道上经费、管理经验等方面的不足，降低经营费用，有利于拓宽经营渠道。

3. 服装零售商

服装零售商是相对于批发商和代理商而言的，是将产品直接销售给消费者的中间商。服装零售商直接面对消费者，消费者的购买频率频繁，每次购买量小、花色品种多，因此，零售商一般会少量多次进货、低库存，非常重视人员促销。

三、服装营销渠道的终端

服装营销渠道的终端是指在服装企业建立的渠道中，直接面对消费者的终端卖场，是企业销售渠道的最前沿。

1. 服装批发市场

服装批发市场在面对零售商的同时也可以直接面对消费者，因此，也是服装营销渠道终端的成员。我国目前比较大的服装批发市场包括杭州四季青、广州白马城、福建石狮、东莞虎门富民等。服装批发市场一般经营中、低档服装，主要以价格取胜，一般早晨以批发为主，其他时间段接待零售。近年来，服装批发市场也开始以品牌化的经营为思路，如杭州四季青服装批发市场。

2. 大型百货商场

大型百货商场的定位是综合化的，是传统的购物场所，其经营的产品品类齐全，是消费者购买服装的主要渠道之一。近年来，随着超级市场、网络购物、新兴自媒体销售渠道的冲击，百货商场的服装销售利润逐渐下降，但是其仍然有其他业态不可比拟的优势，精美的装修、几乎是一对一的人员促销，使得消费者在购物心理上得到满足。

3. 服装专卖店

服装专卖店是指服装企业自己建立或由代理商建立的专门销售企业某个品牌产品或某条生产线产品的专门店。服装专卖店的特点明显，通常有统一的品牌管理、统一的店铺形象、统一的经营模式和统一的产品配送。各门店经营的服装产品会根据地区、目标顾客等因素略有不同，产品选择权一般由专卖店店长负责。服装专卖店一般开设在城市繁华商业街道，或者交通方便的商业区。服装专卖店的开设，能够扩大品牌影响力，增加企业销售额，连锁经营模式极大地增加了企业规模的扩展。

4. 服装品牌店中店

服装品牌店中店一般是商业规模比较大的服装品牌在大型商业中心开设的专卖店。大型商业中心一般拥有绝佳的地理位置，装修精良、知名度高、购物环境优雅，中心内配套齐全，可以满足消费者吃喝玩乐购一条龙服务，客源稳定，尽管租金高，仍然能吸引众多品牌争相进入。在这里建立自己品牌的专卖店，在满足销售的同时，可以提升品牌形象，扩大知名度，满足消费者购买名牌产品的购物心理。

5. 超市服装销售区

超市服装销售区是随着超市在人们生活中的普及和市场的细分化，使得超市成为服装销售市场上的一支新生力量。超市服装销售区的款式比较简单，以较低的价格来吸引消费者，主要销售的产品品类为衬衫、内衣、家居服装等，细分定位是中低收入人群，年龄以中老年为主，品牌来源以中间商自营品牌居多。近年来，中间商自营品牌由于其成本优势、渠道优势逐渐成为行业竞争的新生力量。也有一些知名的休闲服装品牌在超市中设置专柜，借助人气来提升品牌知名度。

6.品牌折扣店和服装工厂店

品牌折扣店主要是经营过季、断码、下架服装的店铺。其主要特点是价格优惠，利用品牌和价格优势来吸引对流行趋势不敏感的消费者，同时，企业也减轻库存压力，回收资金。很多知名品牌专门开设品牌折扣店，不在自己的专卖店进行促销活动，以保证专卖店的固定客源和高品质形象。品牌折扣店经营的产品都是名牌产品，由于其价格比其他渠道卖的相同品质的产品价格优势明显，强烈地吸引了一些品牌意识强而经济能力有限的消费者群，品牌折扣店明显满足了这部分消费者对名牌产品的渴求，品牌折扣店的产品品质保障，使得他们成为固定客源。

服装工厂店包含两部分：一部分是服装企业在企业内部利用临街商铺建立的工厂店；另一部分是企业在各个城市中建立的品牌工厂店，与品牌折扣店不同的是其产品来源于工厂。企业内部建立的工厂店一般价格较低，能够吸引消费者到企业工厂店购买，品质保障和价格是主要因素。很多运动休闲品牌会在城市的商业街或居民区开设自己的工厂店，在店铺陈列上与专卖店不同，陈列出的产品不是很多，很多陈列是与货品库存放在一起，产品的品类也不是很多，价格与专卖店相比会有一定的折扣。

≫ 小链接

中国国家队品牌TEAM CHINA入局运动消费市场

滔搏运动近日宣布与国服体育达成战略合作，双方将携手推动TEAM CHINA/中国国家队品牌运动装备在中国市场的发展，围绕市场渠道拓展、实体门店运营、新零售模式探索等领域深化合作。双方将携手推动TEAM CHINA品牌运动装备在中国市场的发展，合作领域包括实体店和快闪店的全国布局、线上电商渠道拓展，以及更多新零售模式创新。双方联手加速品牌的发展和"工作方案"的实施，深化融合发展，促进体育消费和带动体育产业就业。

——资料来源：CFW 时尚 https://news.cfw.cn/v344883-1.htm

任务实施

渠道终端分析及策划

目标品牌分析	虚拟品牌策划	要求
分析目标品牌渠道终端	结合虚拟品牌目标人群特点，策划终端	团队成员对目标品牌进行终端渠道调研，结合虚拟品牌目标消费者购物场所特点策划终端

———————— 考/核/评/价 ————————

教师评价表（教师评价占学生成绩的 70%）

考核项目：		班级：	
团队名称：		成员：	
考核任务	考核内容	得分	总分
渠道结构（40分）	渠道结构调研是否充分，对虚拟品牌渠道结构策划是否合理		
渠道管理（30分）	中间商选取办法是否符合品牌特点，渠道成员管理方法得当，具有品牌特性		
营销渠道终端策划（30分）	渠道终端调研充分，策划结合实际，充分考虑品牌定位、目标顾客购物特点		

小组成员互评（小组成员互评占学生成绩的 30%）

考核项目：		班级：	
考核成员：		被考核成员：	
考核任务	考核内容	得分	总分
承担任务完成情况（40分）	能够较好地完成团队分配任务，内容完善，有始有终，及时完整		
团队合作能力（20分）	有较好的合作配合、组织领导能力		
处理突发问题能力（20分）	能够解决处理突发问题，及时沟通		
个人能力（20分）	对问题有想法，有前瞻性，能够提出建设性建议		

项目九
服装促销策略

服装企业生产出适合消费者的产品，需要告知消费者，找到消费者，同时，消费者渴望找到适合自己在不同场合穿着的服装，需要找到服装销售企业。两者之间需要进行有效沟通，消费者需要企业的广告、促销、公共关系了解品牌及产品定位，企业需要通过广告、销售促进、人员推销、公共关系、陈列展示产品、传播企业理念和文化、传递产品信息，吸引消费者来购买企业产品。促销策略是市场营销策略的重要组成部分，也是企业重要的营销决策。

学习目标

知识目标：

1. 掌握服装促销的概念及促销组合选择方法。
2. 掌握服装广告的功能及广告开发的步骤。
3. 掌握人员推销的流程。
4. 掌握销售促进方式及应用流程。
5. 掌握公共关系的类型及应用策略。
6. 掌握服装陈列的方法及卖场空间设计方法。

能力目标：

1. 能够理解服装促销组合的含义，并能够根据企业特点进行促销组合分析和策划。

2.能够掌握服装广告开发的步骤，结合企业情况进行广告策略策划。

3.能够充分认识人员推销的重要性，结合实际情况进行店铺人员策划。

4.能够掌握销售促进应用程序，灵活运用销售促进方式。

5.能够掌握公共关系类型，结合宏观、微观环境，抓住机会，灵活运用。

6.能够掌握服装陈列的方法，能够充分利用消费者视觉进行营销，树立品牌形象。

素养目标：

1.培养学生全面分析、多角度考虑问题的能力。

2.培养学生的创意思维。

3.培养学生的综合分析问题和解决问题的能力。

4.培养学生的社会环境敏感度。

▶【案例引入】

社区拼团为社区团购赋能并非独立业态线上寻找增量，与线下销售不冲突

首届中国实体店电商大会在山东济宁隆重启幕。大会以"逆战"为主题，盛邀零售企业大咖、品牌商老总、行业专家、政府机构等，共商实体店电商大计，打一场实体零售的逆袭之战。爱客多电商部总监葛彦认为，社区拼团为社区团购赋能并非独立业态，只是实体店促销形式的升级迭代，在线上寻求增量，与线下销售不冲突。做社区拼团，只有到自己门店自提，效率是最高的，成本是最低的。

（1）拼团的定位：拼团是一个更有效的营销工具，而且是一个新的链接，它能够更有效地激活用户。拼团定义为门店促销形式的升级迭代，不仅能够进行无纸化的营销和宣传，还能为门店赋能，提升团队人员的卖货能力。在线上寻找增量产品，一些新品也可以在拼团里先做尝试，尝试好了直接上架到实体门店。

（2）开团的规划：做的一些本地服务类的产品，将石化加油卡、美年大健康的体检等不能摆到实体店货架上的产品，在拼团里都能实现。为什么电商把实体店的流量能抢走，我们拼团不能再抢夺回来呢？所以，大家应该用好拼团这个工具。

（3）困难的应对：根据对手情况做好应对。第一，我们决定全员开团，全员开团的目的也是让小爱优选有了更多的宣传渠道，让所有的员工都注册成为小程序里面的团长，团长每个人都能带货，让更多的人也有了更多增加收入的机会；第二，进行产品品类调整，增量产品；第三，品牌专场；第四，爆品思维。全品类打我们打不过，爆品价格有优势。

除门店自提外，小爱优选还尝试了前置仓，就是我们把产品配送到小区，这样比门店离顾客更近，更方便。同时，我们也做配送到家，用京东一小时达，产品由门店经过第三方给顾客配送到家。让金牌团长入驻到社会团长的群里进行维护，经过社区团长的运营我们发现，实体店做拼团绝对的优势是有的，一是门店的员工是我们的团长，了解

产品，也能够看到产品的实物；二是团长在群里是你有问我就有答，顾客有什么事情马上可以解决。这种模式我们现在仍在尝试，效果还不错。

案例思考： 1.拼团促销的优势有哪些？

2.企业的促销方式有哪些？

——资料来源：CFW 时尚 https://news.cfw.cn/v285989-1.htm

任务一　认知服装促销策略

任务目标

1.了解服装促销的概念及作用。

2.掌握服装促销方式及促销组合应用。

3.培养学生全面分析、多角度考虑问题的能力。

任务描述

团队成员对目标品牌促销组合进行分析，结合虚拟品牌特点，为虚拟品牌策划促销组合。

知识准备

【微课】
认知服装促销策略

【课件】认知服装
促销策略

一、服装促销概述

1.服装促销的概念

服装促销是指服装生产、销售企业通过各种营销传播方式、手段，向消费者传递关于服装产品的各种信息。其包括服装设计理念、风格定位、价格水平等，帮助消费者认识产品带来的利益，引起消费者的兴趣、好感与信任，激发消费者购买欲望，最后产生购买行为的一系列活动。

促销活动的主体是服装企业或经销商，是主动开展营销活动的组织；促销活动的客体即促销活动的受众，是企业的目标消费者；促销的内容是服装企业通过促销活动向消费者传递的促销信息。

2. 服装促销的作用

（1）有助于沟通信息，消除生产者和消费者之间由于时空与信息分离引起的矛盾。服装生产企业通过促销，将企业文化、品牌理念、市场定位、产品信息、销售信息、产品差异化特点等传递给消费者，是消费者能在众多产品中辨析和判断，综合分析企业产品是否是自己正在寻找的产品，是否是适合自己的产品，通过促销信息的传播，可以及时传达给消费者：Why——为什么要买；What——买的是什么；When——什么时间来买；Where——到哪买；How——如何买。

（2）有助于刺激、创造需求，开拓市场。服装企业针对消费者或中间商的购买心理开展促销活动，可以诱导购买，消费者可能在促销活动中突然意识到自己有这种需求，使其由潜在顾客变成现实消费者，同时，在促销过程中，通过现场氛围、产品演示及销售促进可以创造新的欲望和需求，促使产品销量增加。

（3）树立企业形象，赢得顾客信任。消费者在选购产品时，很多时候是看品牌的，好的品牌代表着产品质量和售后保障，在激烈的市场竞争环境中，良好的企业形象是确保产品销量的重要因素，通过促销策略，尤其是公共关系，可以让企业和消费者保持良好的沟通，对企业产品形成信赖，产生偏好，最终成为忠实顾客。

3. 促销方式

促销方式包括人员促销和非人员促销两种。

（1）人员促销。人员促销是指服装企业通过促销人员直接与消费者接触，向消费者介绍产品的特点、流行趋势、面料设计及推荐服装搭配，实现销售目的的促销活动。这种促销方式针对性强，能及时、有效地传递产品信息、促销信息，及时解答顾客的疑难问题，便于即时成交。同时，能与顾客培养感情，易于培养忠诚顾客。

（2）非人员促销。非人员促销是指除人员促销外，服装企业利用各种媒介、包装、店铺装修、广告等向消费者传达有关产品信息，以达到刺激消费者的购买欲望、提醒消费者发生购买行为的促销活动。与前者相比较，非人员促销传播速度快，媒介和广告传播范围广、传播的影响力度大。

二、服装促销组合策略

1. 促销组合的概念

促销组合是指企业根据企业产品的特点、经营目标及促销的需要，有效地运用各种促销手段，如广告、销售促进、公共关系与人员推销等促销手段组合，达到促进销售的目的。

企业在采用促销组合策略时，会根据此次促销的目的，来进行促销策略组合，是采用一种促销方式，还是采用两种或两种以上促销方式，在采用两种或两种以上促销方式时，还要考虑主次。例如，在企业新产品推出过程中，采用广告和销售促进两种促销方式，广告主要是使消费者了解企业产品，号召大家去寻找企业产品；而销售促进是在消费者做出购买决策时，推动其下定决心的一步，前者的作用在初期是主要的，而到了产品生命周期的成熟和衰退阶段，销售促进则是主要的。

2. 服装促销组合决策内容

服装促销组合决策内容如图 9-1 所示。

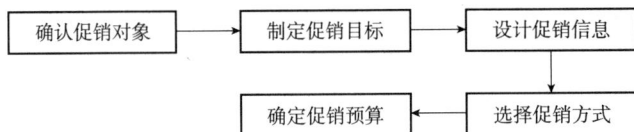

```
确认促销对象  →  制定促销目标  →  设计促销信息
                                        ↓
确定促销预算  ←  选择促销方式
```

图 9-1　服装促销组合决策内容

（1）确定促销对象。服装企业通过对目标市场进行调研，确定其产品的销售对象是现实购买者还是潜在购买者，是消费者个人、家庭还是社会团体，明确了解产品的销售对象，也就确认了促销的目标对象，根据促销对象的不同，采用不同的促销组合。

（2）制定促销目标。服装企业面临的不同宏观环境、微观环境、服装企业战略发展的不同时期、服装产品的不同生命周期，企业的促销目标都会有所不同。企业的促销目标如果是为了获得短期利润、增加营业额，适合采用广告促销、营业推广、人员促销相结合的方式；如果企业是为了创建品牌形象、塑造名牌效应，想取得长期的效果，公共关系、人员促销都是培养顾客忠诚的促销方法。

（3）设计促销信息。促销目标的实现是通过促销对象对促销信息的接收、理解来实现的。促销信息的设计非常重要，要能清晰表达企业的诉求，明确促销希望达成的目的。信息设计要简单、明确、清晰。消费者群并不全是专业人士，所以，促销信息设计尽量不要充满专业词汇，而要简洁、易懂。促销信息的诉求一般包含理性诉求、感性诉求和道德诉求三种。

（4）选择促销方式。前面三点都确定了之后，结合促销的人群、促销目的及促销信息，选择促销组合方式，在广告、人员促销、销售促进和公共关系四种促销方式中组合搭配，促使其发挥最优的促销效果。

（5）确定促销预算。无论何种促销组合策略都是要有成本支出的，服装企业要结合自己的促销目标，考虑企业的经济实力来决定促销组合的应用策略，同时，要考虑每种促销方式花费的资金、取得效果的周期来决定促销组合策略。如果企业促销费用宽裕，则可几种促销方式同时使用；反之，则要考虑选择耗资较少的促销方式。

3. 促销组合方式的优缺点对比

促销组合方式包括广告、人员推销、销售促进和公共关系。其优点、缺点对比见表 9-1。

表 9-1　促销组合方式的优点、缺点对比

项目	优点	缺点
广告	覆盖面广、传播迅速、影响力大、形式多样、相对费用低	间接性、单向性、盲目性、效果不易测定

续表

项目	优点	缺点
人员推销	针对性强、双向性、直接性、灵活性、效果明确	费时、费钱、费工
销售促进	影响力大、刺激性大、效果直接	信任度低、不易长期使用
公共关系	影响面广、易取得信息	见效慢

三、促销组合应用策略

服装企业在使用促销策略时，可以采用推式策略、拉式策略和推拉结合策略。

1. 推式策略

推式策略是指服装企业首先采用人员推销策略，利用企业销售人员寻找中间商，以中间商为促销对象，提供货源给中间商，利用中间商将产品推入销售渠道，中间商采用销售促进促销策略，进而将产品销售给最终的消费者（图9-2）。推式策略主要有销售人员上门推销、举办产品宣传讲座、订货会等。

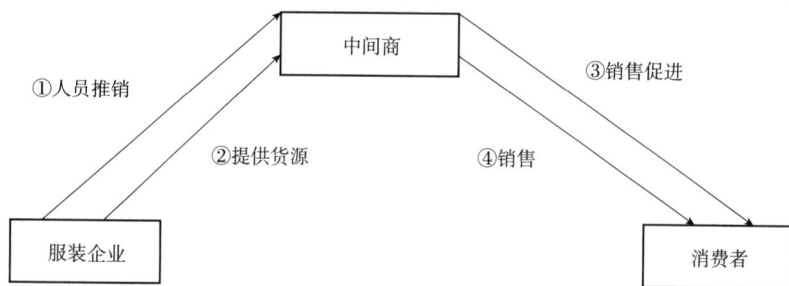

图9-2　推式策略

2. 拉式策略

拉式策略是指服装企业通过广告宣传等促销活动，引起消费者产生需求，并产生购买欲望，到消费市场寻求该产品，促使零售商向批发商、批发商向服装生产企业寻求该产品，企业完成供货，最终满足消费者购物需求（图9-3）。拉式策略的主要促销方式是通过广告宣传，拉动中间商对产品的需求，在使用过程中结合销售促进等促销方式，完成产品销售。

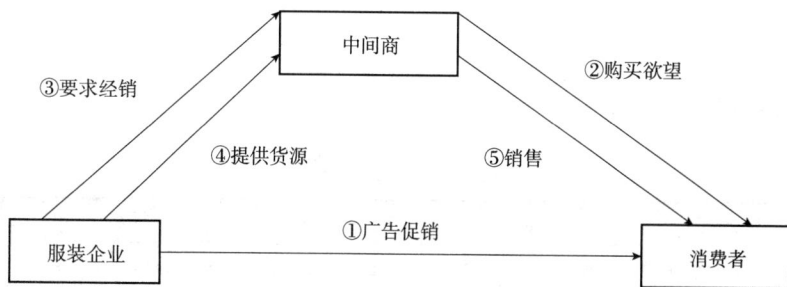

图9-3　拉式策略

3. 推拉结合策略

推拉结合策略是服装企业在实施促销策略时将推式和拉式两种策略有机结合起来，即采用人员推销寻找中间商销售将产品推进销售渠道，同时，又大量进行广告媒体宣传，刺激消费者购买欲望，吸引消费者到终端渠道去寻求产品，加速中间商的销售意愿，从而完成产品的销售，提升品牌知名度（图9-4）。

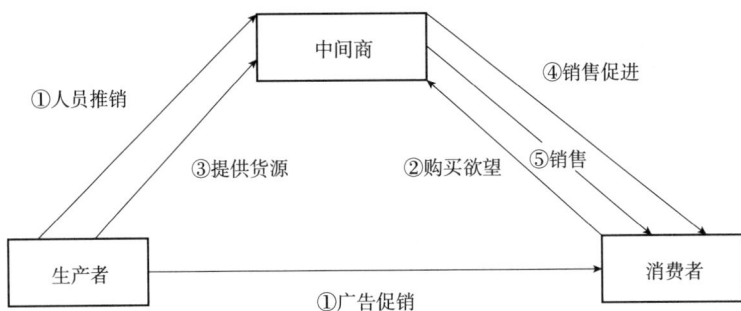

图 9-4　推拉结合策略

≫≫ 小链接

瑞幸牵手椰树，地表已放不下

"椰云拿铁，从小喝到大气层""口感飞升天、加冰赛神仙"，瑞幸咖啡和海南椰树集团双双官宣推出联名款产品椰云拿铁。有网友感慨，这两者联合，地球表面已盛不下他们了。

配合口味创新，瑞幸还为椰云拿铁设计了带有椰树经典PPT风格的杯袋和杯套。在微博和小红书等平台，相关话题已被土潮的椰树风包围，有网友表示，"好土，土得我无法拒绝。"

引发热潮的椰云拿铁，取得了不错的销量。4月12日9点，瑞幸咖啡发布公告称，椰云拿铁在首发日的单店销量超130杯，总销量已超过66万杯。

而联名的另一方椰树集团，似乎打算将"泥石流"式审美的产品包装和"擦边球"的广告宣传进行到底。

——资料来源：澎湃 https://m.thepaper.cn/baijiahao_17581166

任务实施

促销组合分析及策划

目标品牌分析	虚拟品牌策划	要求
分析目标品牌促销组合应用	结合虚拟品牌特点，进行促销组合策划	团队成员对目标品牌促销组合进行分析，结合虚拟品牌特点，为虚拟品牌策划促销组合

任务二　服装广告策略分析及策划

任务目标

1. 了解服装广告的概念及功能。
2. 掌握服装广告开发的步骤，并能分析及策划。
3. 培养创意思维。

任务描述

团队成员对目标品牌广告策略进行分析，结合虚拟品牌特点，为虚拟品牌策划广告策略。

知识准备

【微课】
服装广告策略

【课件】服装广告策
略分析及策划

广告在人们现代生活中如影随形，无时无刻不在激发消费者的需求和欲望。而对于企业而言，随着产品的极大丰富，再也不是"酒香不怕巷子深"的时代了，一方面消费者需要且信赖广告的引导；另一方面企业需要通过广告将企业产品授之于大众，广告已经成为企业开拓市场、促进销售、树立企业形象的主要手段，也是企业和消费者沟通的桥梁。

一、服装广告的概念

广义的广告即"广而告之"，是指机构向大众传播信息的手段和行为；狭义的广告专指商业广告，是企业以自身营利为目的，通过付费的形式、广告的宣传媒介和形式，对产品、服务和观念向消费者、中间商和公众进行信息传播的手段，从而有效地影响消费者、中间商、公众，促成整体营销计划的活动。

服装广告是服装企业以营利为目的，以付费的方式，通过传播媒体，向目标消费者、中间商和社会公众传递产品信息，对服装穿着搭配理念、服装产品本身或服务进行信息传播的促销手段。

二、服装广告的功能

1. 信息传递功能

服装广告的最基本功能就是信息传递，广告传递的主要是产品信息，是沟通企业、经营者和消费者三者之间的桥梁。服装广告通过精心编辑的文字、图像、声音、情境等向消费者传递信息。传递信息包括服装产品的生产信息、渠道信息、促销信息等。

2. 促进销售功能

服装广告是促销手段，促销的终极目的是促进销售。服装广告能够激发消费者的现实需求，刺激消费者的潜在欲望，引导消费者产生购买行为，同时，通过不断地强化、塑造，培养消费者习惯性的购买行为。

3. 美学功能

服装广告作为一种特殊的精神产品，要使消费大众接受，必须具有一定的审美价值，在一定程度上满足消费者的审美需要。一个成功的广告，实际上就是一件值得收藏的艺术品，它是通过艺术设计、精美画面、完美的演绎向消费者、大众展现企业产品、传达企业理念、文化，人们透过服装广告，在精神上有美的享受，提升生活品位。

4. 竞争功能

广告策略是企业重要的竞争策略。企业新产品上市，消费者通过广告了解产品风格、面料特点、购买地点等信息，在市场竞争激烈、产品更新快的情况下，大规模的广告能够吸引大量的消费者购买企业产品，有利于企业开拓市场，提升竞争力。服装广告策略信息宣传全面，宣传渠道广泛，能够帮助企业树立企业产品形象和企业形象，使消费者在同质化的服装产品中对企业产品产生个性化记忆，从而强化企业的竞争力。

三、服装广告开发的步骤

服装广告开发的步骤包括前期市场调研、设定广告目标、产品广告定位、选择广告媒体、确定广告设计原则、完成广告创意及制作、制定广告预算和评估广告效果。

1. 市场调研

在广告策划之前，首先要做的就是前期市场调研。调研内容包括宏观环境调研和微观环境调研。宏观环境调研包括人口、经济、政治法律、自然、科学技术、社会文化；微观环境调研包括企业历史、文化理念等内部环境，消费者购买动机、消费习惯等因素，竞争对手的产品、广告定位、媒体选择等广告策略，产品本身性能特点等调查。

2. 设定广告目标

企业的战略目标是以创造理想的经济效益和社会效益为自己所追求的目标。广告目标要与企业的战略目标一致，确定广告目标是广告计划中至关重要的起步性环节，是为整个广告活动定性的一个环节。

（1）提供信息。以向消费者提供信息为目标的广告，叫作提供信息的广告。这种广告目标一般是在市场开拓阶段，即新产品刚刚上市时期，企业通过广告向消费者提供信息。例如，通过广告告诉消费者将有一种新产品上市，介绍某种产品的新用途或新用法及流行信息，减少消费者的顾虑，建立企业信誉等。

这种广告的目的是建立基本需求，即使市场需要某类产品，而不是宣传介绍某种品牌。

（2）诱导购买。诱导购买通常发生在市场竞争激烈的产品的成长期阶段。服装企业通过广告建立企业的品牌偏好，广告的主要目标是使消费者有效区别企业服装产品与其他企业的不同之处，改变消费者对企业产品的态度，鼓励消费者放弃竞争者品牌转而购买本企业品牌，诱导消费者立即购买，叫作诱导性广告。这种广告的目的是建立选择性需求，即使目标沟通对象从需要竞争对手的品牌转向需要本企业的品牌。在操作过程中，有些诱导性广告或竞争性广告发展为比较广告，即广告主在广告中拿自己的品牌与若干其他品牌相比较，以己之长，攻人之短，以宣传自己品牌的优越性。

（3）提醒性广告。提醒性广告也称提示广告，一般在产品的成熟期采用，是对产品过去选择的一种强化，即企业通过广告活动提醒消费者需要购买该产品，并提醒他们可到何处购买该产品。这种广告的目的是使消费者在某种产品生命周期的成熟阶段仍能想起这种产品。

3. 产品广告定位

产品广告定位包括实体定位和观念定位。

（1）实体定位是指从服装产品本身利益出发，强调自身产品与竞争产品之间的不同之处，能给消费者带来最大的益处，其着眼点是产品本身的设计特点、风格，能给消费者带来的价值。

1）品质定位：主要是以产品的品质作为诉求重点，强调服装产品的差异性，强调产品的品质优良。这种定位恰好满足了一些注重产品品质的消费者，能够吸引这些消费者成为忠实顾客。

2）市场定位：是在市场细分的基础上，将市场细分后选定的目标市场作为定位宣传目标，根据目标消费者特点定位，强调对于这部分细分市场企业产品的特殊意义。例如海澜之家的广告"海澜之家，男人的衣柜"，是针对男性消费者服装市场。

3）功效定位：是指在广告的定位宣传上强调产品的使用功能，从而使企业品牌和竞争品牌有效区分，以吸引消费者的注意，增强竞争。其主要选择企业产品能带给消费者和同品类产品不同的功效。例如，台湾某牛仔裤品牌广告"犹如你的第二层肌肤"，体现其面料柔软，给顾客带来的舒适感受。

4）价格定位：通过产品的价格差异来进行广告定位。价格定位更多利用的是消费者的购物心理作用，人们在购买高端服装产品时，由于购买频率低，所以，希望购买价格较高、品质较好的产品，以体会品牌产品带来的满足感，而当消费者购买频率较高、更换频繁的服装产品时，希望物美价廉，采用低价定位策略。

（2）观念定位是指在消费者心理为企业产品重塑一种新的观念，突出产品新的价值取向，形成新的认知。

1）逆向定位：是利用人们反向思维来定位的方法，是企业差异化营销的一种方法。逆向定位可能转化消费者的固有观念，给消费者耳目一新的感觉，能让消费者记住品牌特征。例如，法兰诗顿西装品牌将其品牌定位为"刚柔并济的男人"，摒弃了西服品牌突出男性阳刚之气的传统定位，直击现代男女柔软的内心。

2）是非定位：在制作广告时，提出一种新的观念，通过和已有的旧的观念对比，来形成新的消费观念。例如，美国七喜汽水广告定位非可乐，确立了自己独特形象，明确了自己的产品特点，从而使消费者对该品牌印象深刻。

4. 选择广告媒体

广告媒体是传播广告信息的载体，是实现服装企业和传播受众之间信息传播的技术手段。现代广告媒体的种类繁多，凡是在广告宣传过程中起到传播作用的工具都是广告媒体。

（1）电视媒体。电视媒体是现代广告传播媒体中应用最广泛的传播媒介。通过文字、声音、图像、色彩等丰富多彩的艺术表现手法，通过演员、模特表演生动形象，使消费者有身临其境的感觉。

电视媒体的优势是生动形象、娱乐性强，在轻松愉快的气氛中消费者就被说服；同时，电视媒体的覆盖面广，收视率高，电视在我国无论城市还是农村已经普及，且已经成为人们生活中不可或缺的一部分，电视媒体的传播速度快，超越了时间和空间的限制，可以在相同的时间，产品广告传播到全国各地，真实直观，因为有声音、文字和画面存在，容易理解，通俗易懂，真实传达广告诉求，刺激消费者的欲望和需求。电视媒体的缺点是广告的费用高，其拍摄需要专业团队，如果聘任名人和演员，成本更高，同时，由于其时间较短，传达信息少，且稍纵即逝，需要不断重复播放，来引起消费者注意，播放时面对所有受众，针对性受到限制。

（2）报纸媒体。报纸媒体是最早使用的广告传播媒体，是企业利用报纸这种大众传媒将企业产品信息放到报纸的某个版面，提醒消费者关注企业信息，适时购买。

报纸媒体的优势是传播面广，由于其读者广泛，发行量大，使其覆盖面广泛，其时效性强，报纸广告的内容均有很强的时效性，都是当天的内容，不会延误。近年来，为了适应网络对人们生活的冲击，很多报纸在发行的同时也有电子版同时推送，使得其阅读量增加，受众群体增大，增强了宣传效果，由于报纸是印刷品，且具有不易消失性，故报纸设计与制作不需要复杂程序，简单灵活，可以根据市场反应，及时修改广告方案，更有针对性。在推送的选择上，企业可以根据目标消费者特征，选择推送的报纸，效率更高。报纸媒体的缺点是寿命短暂，读者只读当日报纸，一般不会重复读阅，同时报纸上的栏目多，内容复杂，分散读者的注意力，报纸的印刷一般很少采用彩色，印刷质量受到限制。

（3）广播媒体。广播媒体是利用人的听觉为传播媒介的媒体，是通过演艺人的声音、音效和收听者的解读，来完成广告信息的传播。

广播媒体的优点与电视媒体相同，它的传播不受时间和空间限制，能够快速传播，覆盖面广泛，凡是电波能到达的地方，无论农村还是城市，都可以接收到；其内容根据广告效果的要求，可长可短，形式多样，可以做到声情并茂，其制作简便，费用较低。其缺点是由于广播信息播出时间短，需要不断重复才能形成记忆引起消费者注意，因为只能通过声音表现影响创意手法，有局限性。

（4）杂志媒体。杂志媒体是通过不同专业方向的杂志，可将消费者群分为不同专业方向群体，有针对性地刊登广告信息。杂志媒体由于其有固定的读者群，并不是常用的广告媒体。

杂志媒体的优点是读者集中，专业性、针对性强，企业可以根据自己的专业特性选择自己的专业杂志，杂志的有效期长，易于保存。杂志在印刷过程中，一般采用彩色印刷，可视性好，可以做到图文并茂，吸引消费者，给人以视觉美的享受。其缺点是由于其专业性强，传播面窄，杂志的出版周期长，时效性差，制作成本高。

（5）户外媒体。户外媒体是指利用路牌、霓虹灯、车体、建筑物外墙等露天或公共场合通过广告的形式向消费者传达产品或服务的信息。

户外媒体的优点是具有很强的选择性，形态多样，企业可以根据自身需求、消费者特性、产品特点进行选择，形式多样、灵活，为了醒目，引起人们的注意可以在建筑物上面制作广告牌，色彩鲜艳，欣赏性强，与其他形式相比成本较低；缺点是广告信息量有限，宣传区域小。

（6）网络媒体。网络媒体是企业利用网络技术在各种网络平台、自媒体等平台上进行广告宣传的媒体。随着网络技术的普及，特别是"90后""00后"跟着网络成长起来的一代人，获得信息的途径几乎全部来源于网络。特别是时下流行的直播平台，已成为年轻消费群体获取广告信息的主要来源。

网络媒体的优点是广告形式多种多样，网络媒体的广告信息包括视频、文字、图片等，能够生动形象地展示产品信息，互动性强，在传播过程中可以交流，实现双向沟通，缩短了企业和消费者之间的距离，是其他媒体形式无法达到的。由于其传播受众的可选择性，使其针对性更强，使效果更好，互联网的超越时间和空间特性也是网络媒体可以不受时间和空间限制，传播区域更广，有效时间更长。缺点是由于网络传播的信息量巨大，需要消费者去甄别判断。

5. 确定广告设计原则

（1）创造性原则。创造性原则是指服装企业广告的独创性，要有创意，使消费者记住品牌个性。在品牌设计广告时要大胆创新，可以独辟蹊径，有与众不同的想法和观念，使消费者产生联想，记住品牌的差异性。

（2）真实性原则。强调在广告的设计过程中，企业产品信息是真实可靠的，不能虚假和过渡夸大，这是广告能被消费者接受和认可的基本条件，要充分考虑企业在消费者心中的诚实可靠形象。

（3）简洁性原则。无论是何种广告形式，广告的时间都很短暂，要在有限的时间内清晰表达广告要传达的信息，广告必须坚持简洁性原则。广告的主题明确，在有限的时间内清晰表达企业诉求，使消费者一目了然。

（4）艺术性原则。美学功能是广告的功能之一，广告应具有艺术感染力，广告要用生动的语言、巧妙的构思，唯美的画面，吸引消费者，产生感染力和说服力，在介绍产品的同时，使消费者产生强烈共鸣，记住品牌特征。

（5）科学性原则。广告无论在内容、形式创意上都要遵循科学性原则。广告创意的内容要严谨、有逻辑，不允许有反科学的内容。

6. 完成广告创意及制作

广告创意过程包含以下五个阶段：

（1）调查研究阶段。调查研究阶段的主要手段是收集资料，是广告创意的第一阶段，也是最重要的基础工作阶段。收集的资料包括特定资料和一般资料。特定资料是围绕产品和企业本身的特定资料，是指从企业广告负责人、企业技术人员、高层管理者、销售人员、消费者等收集资料。收集资料包括产品、服务、消费者及竞争者的相关资料，这些资料是广告创意的主要来源。一般资料是创意者收集和存储关于创意产品的知识和信息，是创意者日积月累的学科资料，能够直接影响创意文案的质量。

（2）分析整理阶段。分析整理阶段首先要做的是将收集的信息进行分类、归纳、整理，将广告诉求点、能打动消费者的创意点罗列出来，找出消费者最关心、最迫切需要的需求，找到创意的突破口。

（3）酝酿思考阶段。当长时间的研究分析没有合适的结果时，可以将思想放空，使其在潜意识的心智中，可以做一些轻松愉快的事情，解放身心，好的创意往往就是在不经意间产生的。

（4）创意产生阶段。创意产生阶段在不断思考的过程中，好的想法和点子会不断出现，经过酝酿思考阶段，会有不同的创意产生出来，这些创意往往各有特点，需要不断分析、对比，遴选出最优的创意。

（5）评价完善阶段。对选出的创意方案进行试用、评估，小范围讨论，仔细推敲，使创意更加完善。

7. 制定广告预算

广告预算是广告战略的一项重要内容，是指服装企业对某一特定时间内的广告活动所需要的广告经费的总额、试用方法、试用范围等的一个提前计划。企业的年度广告预算通常是在前一年的年末，结合当年的情况，制定出下一年广告需要的费用。广告预算的主要目的是更有效、有计划地使用广告经费，能保证经费的合理支出，避免浪费。

影响广告预算的因素有产品的生命周期、竞争对手、销售目标、市场范围、广告媒体、企业财务的负担能力等。根据影响广告预算的因素，计算广告经费预算的方法有：量力支出法，根据企业财务的承受能力确定广告预算；增加预算，在前一年广告的投入上，增加一点比例；销售百分比，以一定时期内销售额的一定比率为广告投入；与竞争对手比较，根据竞争对手的广告投入确定企业的广告预算。

8. 评估广告效果

广告的目的是将企业的信息有效传达给消费者，广告的效果如何，有没有达到广告主的初衷，需要进行评估。广告评估是测量广告活动或广告作品对消费者产生的影响，通常是指广告产生的经济效果和传播效果。

>>> 小链接

中国柒牌广告节直播 创新驭变品效合一

广告节柒牌展厅内未来馆与直播间，科技感十足的时空隧道为柒牌时尚粒子持续加速，智能穿搭、智能夹克、智能手表、智能制造、智能物流……共同构筑中国柒牌智能时尚的广袤"宇宙"。

柒牌展馆内嵌入直播间，尽管已是历经数载的大国品牌，但柒牌与时俱变，不仅很早就入局电商，而且在第一时间赶上了电商直播这趟快车。广告节期间现场的直播使更多的年轻消费者认识、喜欢柒牌。

广告节期间，柒牌不仅在广告节现场开启直播，同时柒牌电商直播团队在抖音、天猫旗舰店、快手同时开启直播。直播间"柒牌第28届中国国际广告节战略合作伙伴"字样装修在了直播顶部。装修风格与广告节柒牌展馆保持一致。以柒先生IP形象为主要设计的雨伞、保温杯、智能手表等也成为广告节直播间最带货的赠品。同时，各直播间主播将柒牌广告节活动动态第一时间传达给消费者，使线上消费者更进一步了解柒牌，信任柒牌。广告节结束后，柒牌电商直播复盘：抖音+快手+天猫旗舰店共实现332万元销售额。

历经42载的柒牌，在电商直播浪潮中，又一次让大家看到了闽商"创新驭变，拼搏进取"的精神气。

——资料来源：CFW 时尚 https://news.cfw.cn/v337558-1.htm

任务实施

广告策略分析及策划

目标品牌分析	虚拟品牌策划	要求
分析目标品牌广告策略：广告媒体、广告形式、广告语	结合虚拟品牌特点，进行广告策略策划：广告媒体、广告形式、广告语	团队成员对目标品牌广告策略进行分析，结合虚拟品牌特点，为虚拟品牌策划广告策略

任务三 人员推销策略分析及策划

1. 了解人员推销的优点、缺点。
2. 掌握人员推销的流程。
3. 培养团队合作精神。

任务描述

团队成员对目标品牌店铺人员构成进行分析，结合虚拟品牌的特点，为虚拟品牌策划店铺人员构成、设计成员挑选条件；策划销售人员的培训、激励措施等。

知识准备

【课件】人员推销策略分析及策划

服装企业推销在终端店铺销售或面对组织客户时，人员推销仍然是主要促销方式。人员推销在服装企业的促销手段中是最重要的促销手段之一。销售人员和消费者面对面的交流能够有效解决问题，实现现场购买。

一、人员推销概述

1. 人员推销的概念

人员推销是指企业的专职销售人员，运用一定的推销手段和技巧，直接与消费者接触，向消费者介绍产品和服务，引发消费者的购买欲望，激励消费者产生购买行为，以实现推动销售的目的。人员推销的基本形式包括柜台销售、上门推销和会议推销。

2. 人员推销的优点、缺点

（1）优点。

1）针对性强。人员推销是销售人员和消费者面对面接触，可以与消费者之间直接沟通，针对消费者的需求介绍产品和服务，针对不同类型消费者，可以采用不同的推销策略，同时，为消费者提供个性化服务，在销售过程中，根据其反应，做出灵活应对。

2）信息收集、传递。在人员推销过程中，销售人员和消费者之间的信息传递是双向的，在传递企业和产品信息的同时，也收集关于消费者的信息，如消费者对企业产品的态度、消费者对企业的印象及希望企业的改进等。

3）即时成交。由于是面对面沟通，消费者遇到的问题可以得到销售人员的及时解决，销售人员可以根据自己的专业知识引导和促成交易成交，即时成交率较高。

4）实现消费者满意策略。人员推销，特别是柜台推销，可以和消费者之间沟通交流的信息很多，企业通过环境、陈列，使消费者愿意在专卖店中停留，愿意与销售人员进行信息交流，在即时成交后愿意留下自己的会员信息，成为忠实顾客。

（2）缺点。人员推销的缺点是由于是面对面促销活动，消费者访问的时间和地点受限制；同时，对销售人员素质要求较高，能否实现即时成交及能否实现消费者满意，很大程度上取决于销售人员的专业素质和个人魅力。因此，销售人员的选拔和培训是很重要的因素。

二、人员推销的流程

1. 确定目标

人员推销的第一步是要明确推销的对象和推销的目标。确定推销的目标是中间商、集团，还有消费者个人用户，设定推销要达成的目标，将企业产品推销给中间商、说服集团购买，还是将企业服装产品推销给店铺个人消费者。

2. 收集信息

根据前面确定的客户类型和人员推销的目标，开始信息资料的收集工作。如果是向中间商推销新产品，就要收集中间商的相关信息，了解其销售区域、目标顾客群的涵盖范围等；如果是组织采购，就要收集产品最终给谁使用、采购的目的、预算等；如果是最终消费者，就要了解消费者为什么购买、穿着的场合等信息，收集信息能使销售人员在推销的时候，有针对性，能够更好地满足消费者的需求。

3. 推销介绍

在掌握了客户需求后，销售人员需要进行推销介绍，根据客户信息和客户介绍，设计吸引消费者兴趣的推销展示，建立消费者对产品的偏好，满足消费者的需求和欲望。

4. 回答异议

在与客户进行面对面交流的过程中，很容易发现其对产品、服务、价格等方面存在的异议，销售人员要尊重客户的建议，及时且认真地解决客户提出的问题，避免与客户发生争执，妥善处理，消除客户疑虑。

5. 促成销售

在推销介绍和回答异议的环节中，都可能完成销售任务，当销售人员满足顾客的需求，使其对企业产品产生满意后，推销目标实现，交易达成。

6. 售后服务

交易达成并不是人员推销的最后一步。好的销售人员应该与客户建立一种长期合作的关系，能够将客户信息留住，定期与客户联系，使其成为品牌忠实客户。

三、销售人员的培训

人员推销活动的成功与否，与销售人员的专业知识、个人素质有很大关系，销售人员是企业信息传播、企业服务、企业文化的主要传播载体，是企业的对外形象代表，对其培训是十分必要的。

1. 企业文化

销售人员是站在企业的最前端，与终端顾客直接接触的人，消费者是通过销售人员了解企业文化的。首先要对销售人员进行系统的企业文化、企业精神、品牌理念、企业的发展历史及企业未来发展规划的培训，使其了解企业，进而热爱本职工作，才能全身心地投入工作中。

2. 服装专业知识

作为服装产品的销售人员，必须掌握服装相关产品知识、搭配技巧、产品陈列知识、进销存记录等。顾客对销售人员的信任来源于销售人员的专业知识。

3. 销售专业知识

除服装专业知识外，销售专业知识也是必需的，要培养销售人员具有良好的心理素质、顺畅的沟通技巧，能准确判断消费者的购买阶段。良好的沟通能力能够快速拉近消费者的距离，掌握消费者的购买信息和目的，有针对性地进行产品介绍，抓住打动消费者的卖点，果断促成交易。销售人员还应该掌握顾客满意策略，针对售后建立顾客信息库，适时与顾客联系，培养其对品牌的感情，成为忠实顾客。

≫ 小链接

对于服装行业，一方面服装产品极大丰富、越来越多的品牌能提供给消费者更多地选择；另一方面消费者的购物经验成熟，对服装产品的个性化需求增强，购物目的明确，对品牌终端店的销售人员要求更高。传统的"销售"已经不能满足消费者的购物需求，服装终端店的销售人员应该转变为搭配师，具备流行趋势分析、色彩搭配、体型和服装廓形关系、顾客购物心理分析等专业知识，将简单的销售技巧转化为综合专业素质，使消费者购买的不仅是一件服装，而且是一种生活态度、一份对流行趋势的追逐、一份对美的追求，进而加深对品牌的理解，成为忠实顾客。

人员推销策略分析及策划

目标品牌分析	虚拟品牌策划	要求
分析目标品牌店铺人员构成	结合虚拟品牌特点，以一家店铺为例，设计店铺成员组成及成员挑选条件；策划促销人员培训、激励措施等	团队成员对目标品牌店铺人员构成进行分析，结合虚拟品牌特点，为虚拟品牌策划店铺人员构成、设计成员挑选条件；策划促销人员培训、激励措施等

任务四　销售促进策略分析及策划

任务目标

1. 了解销售促进的定义及作用。
2. 掌握销售促进的方式及决策过程。
3. 培养市场敏感度，及时掌握行业动态。

任务描述

团队成员对目标品牌正在进行的销售促进策略进行分析，结合虚拟品牌特点，为虚拟品牌策划销售促进策略，并以具体节假日为例策划销售促进方案。

知识准备

【微课】
销售促进策略

【课件】销售促进策略分析及策划

一、销售促进的定义

销售促进也称营业推广，是指服装企业在特定的目标市场中，为鼓励消费者和中间商购买而采用特殊的手段，对其实行强烈刺激，以求短期内企业销售量迅速增长的促销行为。销售促进是企业在短期内对消费者和中间商采取的非常规、非经常性使用的促销手段，而长期使用会影响企业的品牌形象。在使用过程中，通常会配合广告、人员促销和公共关系共同使用。

二、销售促进的作用

销售促进能够带给消费者和中间商强烈刺激，短期内实现销售量快速增长，是服装企业开拓市场和提高市场占有率的有效方法。

（1）扩大市场占有率。当服装市场品牌数量增加，消费者面临的选择增加，有效的销售促进可以吸引消费者注意，增加品牌的销量。当产品同质化现象严重，产品风格特点、品牌特征不明显时，销售促进可以刺激消费者及时购买行为，增加产品销量。利用销售促进可以加快新产品或新品牌进入市场，增加每次的购买数量和购买产品的档次。

（2）保持企业市场竞争力。当竞争对手在使用销售促进进行大规模促销活动时，为了留住顾客，避免市场份额丢失，及时、有力地进行防御性营销措施，以保持企业的市场竞争力，保持竞争平衡。

（3）实现顾客满意。随着消费者的丰富经验，其购物行为越来越趋于理性，讨价还价的能力逐渐增强，销售促进可以通过奖励品牌忠诚者，留住老顾客，开发新顾客，并可以鼓励顾客重复购买，培养品牌忠诚。

（4）牢固与中间商关系。服装企业可以运用购物馈赠、赠送陈列指导、卖场宣传海报等多种销售促进方法来激励经销商更多的进货，加大销售热情，牢固与中间商的关系。

三、销售促进的特点

销售促进是企业为了增加销售数量，对消费者和中间商采取的促销方法，一般在使用时配合广告、人员促销和公共关系一起使用，使用效果更佳。

（1）收效快，见效期短。销售促进因为其强烈的刺激作用，能够在短期内实现销售额迅速增长。服装企业可以在产品的不同生命周期或企业经营不同阶段，因竞争、市场占有率等问题发起销售促进。由于销售促进强烈的吸引力和影响力，能唤起消费者的广泛注意，即时购买行为增加。销售促进的结果体现在增加产品的购买人数，增加每次平均购买数量；增加产品的试用人数，能够使从未使用过本品牌的消费者尝试试用本品牌。

（2）形式多样，短期效益。销售促进的形式多样，针对消费者的促销方式包括价格折扣、竞赛抽奖、赠送礼品、商业贴花等。服装企业可以根据销售促进的目的进行各种方式的选择、混合使用。

（3）副作用大，影响品牌形象。只注重销售数量的销售促进容易破坏品牌形象。销售促进的各种形式最终体现在价格的降低，因此，会使消费者质疑产品质量，或者由于原来产品价格过高，影响下一季服装的销售。

（4）管理难。销售促进的计划、组织、执行、控制难度高，需要强有力的企划人员、领导和组织机构。

四、销售促进的分类

销售促进根据其促销对象的不同，可将销售促进分为消费者、中间商和销售人员三大类，具体见表 9-2。

表 9-2　销售促进的分类

销售促进对象	销售促进方式
消费者	赠送样品、包装促销、现场示范、商业贴花、价格折扣、赠代金券、竞赛抽奖、会议促销、赠品促销、利益承诺
中间商	批发回扣、现金回扣、推广津贴、经销商竞赛、订货会、贸易展览、现场演示、企业刊物、陈列指导培训
销售人员	销售提成、奖励推销金、人员竞赛、人员培训

几种常用的销售促进方式如下：

（1）价格折扣。价格折扣是服装企业经常采用的一种销售促进方式，也是消费者比较喜欢的一种销售促进方式，还是通过直接降低服装产品零售价格来吸引品牌忠实顾客再次购买的一种方式。同时，价格折扣也能吸引未穿着本品牌服装的消费者来试穿品牌服装，开发新用户。价格折扣也是服装企业处理库存最主要的方式，可以将换季产品或号码不全的产品即时销售。

（2）有奖销售。有奖销售是利用消费者侥幸心理，利用消费者集体的力量来推动销售数量达到一定的限额值，达到限额值后可以产生一定比例奖项，有些有奖销售是在规定有限时间内进行抽奖，消费者对开奖有所期待，刺激其迅速做出购买决定。

（3）赠品促销。赠品促销是指服装企业对于购买本企业产品的消费者提供赠品的销售促进方式，一般赠品是需要消费者消费金额累积到一定额度，根据消费金额的多少，赠品的档次及数量会有所不同。这种方法有利于刺激消费者连带销售，为了拿到不同的赠品，消费者可能会购买不同的产品，搭配购买，以期得到想要的赠品。

（4）订货会。大部分的服装企业每年会召开春夏和秋冬两季订货会，企业通过邀请中间商，在订货会现场进行服装表演，同时主持人解说，介绍服装产品的风格特点、设计细节、面料组成等，以供订货商参考，进行产品订购。企业可以根据订货量来安排生产，这样可以有效减少库存，同时，中间商也可以根据本区域顾客特征，自己的销售经验、销售数据来选购经销的产品，减少销售风险。这种销售促进方式通常会配合广告、公共关系、人员促销共同使用，效果更好。

五、销售促进的决策过程

销售促进的决策过程包括以下六个方面（图 9-5）。

```
┌──────────┐      ┌──────────┐      ┌──────────┐
│ 确定销售  │  ⇒  │ 选择销售  │  ⇒  │ 制订销售  │
│ 促进目标  │      │ 促进方式  │      │ 促进方案  │
└──────────┘      └──────────┘      └──────────┘
                                          ⇓
┌──────────┐      ┌──────────┐      ┌──────────┐
│ 评估效果  │  ⇐  │ 试验、实施 │  ⇐  │ 编制销售  │
│          │      │ 控制方案  │      │ 促进预算  │
└──────────┘      └──────────┘      └──────────┘
```

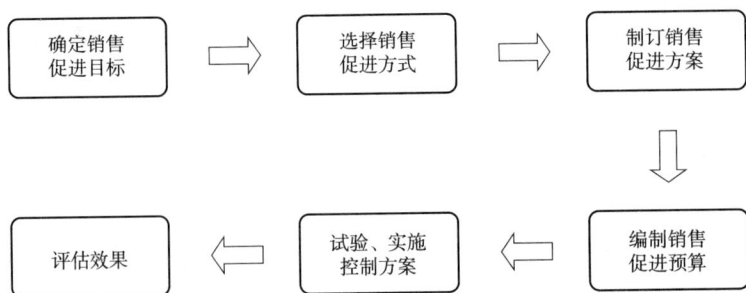

图 9-5　销售促进的决策过程

1. 确定销售促进目标

确定销售促进目标是销售促进策略决定的第一步。销售促进目标一定与企业的总体促销策略目标一致，要结合企业的营销总目标。同时，销售促进目标还与销售促进的对象有关，当销售促进的对象为消费者时，销售促进的目标可能是销售额的快速增长、鼓励重复购买、吸引潜在消费者试用、提升品牌知名度。如果是对中间商的销售促进，销售促进的目标可能是增加中间商订货量、鼓励中间商进行产品宣传、鼓励中间商经销新产品、牢固与经销商关系、加深合作关系等。对销售人员的销售促进目标可以是激励其增加产品销售额，鼓励其专业素质提升。销售促进目标要结合实际情况制定。

2. 选择销售促进方式

销售促进方式的选择要考虑三个方面：一是促销对象，此次促销的对象是谁，根据不同的促销对象选择不同的促销方式；二是促销目标，结合销售促进要达到的目标来选择销售促进的方式；三是竞争对手，进行市场调研和分析，了解品牌和行业竞争是如何做销售促进的，是要跟进还是要与其采用不同方式，成本预算。

3. 制订销售促进方案

（1）选择促销范围。第一要确定参加活动的人员范围，是企业所有的消费者都参加还是购买一定数额产品的消费者才能参加；第二要确定参加销售促进的产品，企业的产品系列可能不止一个，是所有产品都参加，还是只针对过季产品；第三要确定参加区域，是企业经营的所有区域还是重点区域参与。

（2）选择促销时机。销售促进的时机也很重要，不同的促销时机效果是不同的，促销时机的选择要结合产品特点，特别是服装产品，流行性、季节性都很重要，促销时机的选择还要结合考虑消费者特点，消费者的购买时间是新品上市时购买，还是节假日购买，促销的设计还要考虑竞争，考虑的是抢先推行还是跟进推行。

（3）选择促销激励规模。销售促进的激励规模越大，刺激强度越大，企业实现销售促进目标的可能性越大，但是激励规模和强度是有一定上下限的，当刺激强度超过一定值后，其效益比会下降，消费者对价格和产品的认知是有绝对阈限值的，若超过绝对阈限值，其就会质疑产品。

（4）选择促销持续时间。销售促进的持续时间不宜过短，过短会有一些消费者没来得及参与活动就结束了，也使投入产出少，活动时间也不宜过长，如果活动时间过长，消费者会认为品牌一直是此价格，会损坏品牌形象，也使销售促进失去原来的目的。

4. 编制销售促进预算

销售促进预算要结合企业的财务能力、销售促进目标、销售促进规模等方面综合考虑。常用的预算方法包括销售百分比法、量入为出法、竞争对等法和目标任务法。

5. 试验、实施控制方案

销售促进方案首先可以进行小范围试验，根据试验结果进行方案调整，开展全面实施。销售促进方案实施过程控制非常重要，方案制订得再完美，如果实施控制得不好，可能导致整个促销过程失败。在方案实施前期要做好人员、物质准备，要确保每个环节都有人负责，精确分工，明确责任。物质准备方面有专人负责，建档建立目录，确保万无一失。在方案执行过程中，有专人负责检查各部门执行情况，定期对销售促进进度、促销范围、促销效果进行评估，保持实时监控。

6. 评估效果

促销效果的评估有主观评价法和客观评价法。主观评价法通过观察促销现场消费者的反应和对消费者进行抽样调查来完成；客观评价法通过对比企业销售促进前后的销售数据指标来确定。

≫ 小链接

朗黛2020秋冬新品订货会　与您共铸辉煌

举办时间：2020.4.21—4.23　　　　　举办公司：深圳市朗黛服饰有限公司

产品季节：秋冬装　　　　　　　　　订货会举办地址：深圳大梅沙海景酒店

2020上半年注定是非同寻常的一季，我们为了突破困境一起努力奋斗过，2020下半年我们有信心可以一同开拓更广阔的发展。

2020年4月21日—4月23日，朗黛国际2020秋冬订货会（图9-6），在深圳市大梅沙海景酒店盛大开幕！欢迎来自各地的合作伙伴相聚至此，共同品鉴朗黛国际新品的卓然不凡。

2020 AW MYMO主题A NEW POSSIBILITY，寓意是2020秋冬季将是一个新的开始、一个新的可能、一个新的生机。

我们生活的这个星球，正在悄然无息的发生时移俗易，伴随着全民重视保护生态环境，地球变暖问题在积极改善，以及5G时代的到来，消费方式将日新月异出现新的变化。而这些都在提醒我们，一个前所未有的新变革、新

图 9-6　朗黛国际订货会海报

未来、新世界即将开启。

2020秋冬MYMO以"丢下陈旧'垃圾'，开始跳动的生命。"为灵感，呼吁大家抛却陈旧，满怀期许，展望未来，在人间烟火中活色生香。

2020 AW M.HITI锡缇大主题是UP Scaled Minimalism（放大极简主义）。秋季主题Spirituality（灵性），即散发女性与生俱来的气韵，释放骨子里的知性美。冬季主题Simplicity（质朴），即回归纯粹的本质，让生活与美不期而遇。

本季M.HITI锡缇的设计，我们将从荷兰艺术家JAN HENDRIX（简·亨德里克斯）作品中提取灵感。汲取他独特的镂空剪影风格，捕捉他利用光、影与物品结合的氛围，学习他构建灵与心的沟通空间。制成本季M. HITI锡缇成衣，你将感受到衣服穿在人身上的感觉，它不是一种装饰，而是人的内心需求。

2020是奋斗年，本次订货会，朗黛国际诚挚邀请各位加盟商、经销商以及媒体到场共赏MYMO&M. HITI锡缇2020年秋冬季新品展示。朗黛将与您一起乘风破浪，开拓广阔的未来。择一事，倾一生，共朝夕。2020朗黛与您，共铸辉煌！

——资料来源：丽人服装网http://www.ef43.com.cn/data/2020-04-20/329008.html

任务实施

销售促进策略分析及策划

目标品牌分析	虚拟品牌策划	要求
分析目标品牌正在进行的销售促进策略	结合虚拟品牌特点，为虚拟品牌策划销售促进策略，要求内容丰富、多样化并以中秋节或国庆节为例设计具体促销方案，包括海报设计	团队成员对目标品牌正在进行的销售促进策略进行分析，结合虚拟品牌特点，为虚拟品牌策划销售促进策略，并以具体节假日为例策划销售促进方案

任务五　公共关系策略分析及策划

任务目标

1. 了解公共关系的概念及功能。
2. 掌握公共关系的类型及应用策略。
3. 培养市场敏感度，及时掌握行业动态。

团队成员对目标品牌公共关系策略进行分析，结合虚拟品牌的特点，为虚拟品牌策划公共关系策略。

【微课】公共关系
策略

【课件】公共关系策略
分析及策划

一、公关关系的概念和作用

1. 公关关系的概念

服装企业在生产经营过程中，不仅要与消费者、供应商、中间商、同行竞争者产生联系，还要与社区公众、政府公众、媒体公众等建立联系。企业要保持良好的公众形象，这些都是公共关系的职能。公共关系是企业促销的主要手段。

公共关系是指服装企业通过公共传播和对特殊事件的处理，使自己与公众保持良好关系的活动。企业的公共关系可分为内部公共关系与外部公共关系。

2. 公共关系的作用

随着网络技术的发展，信息传播迅速，相比于广告、销售促进，公共关系的作用越来越大，这种无形资产对消费者的影响越来越大，公共关系可以打造品牌形象，提升品牌知名度。

（1）建立良好的企业形象。公共关系的目的是在公众中树立企业良好的形象，使企业在市场环境竞争中有良好的社会环境，其产生的影响不只针对消费者，对中间商和企业员工都具有很好的激励作用，同时，其产生的作用比广告更具有说服力，企业是通过媒体报道来传播信息，借助第三方平台，可信度增加。

（2）间接促销，宣传产品。公共关系不是广告，也不是直接对产品和企业的宣传，而是通过企业参与各项社会活动、做有益于社会发展的事情，扩大知名度，在公众中树立良好的形象，赢得消费者的信任和肯定，间接达到了提高销售额的目的。

（3）双向沟通信息。公共关系的信息沟通是双向的，一方面企业通过参与各项公共事业、社会活动，使社会公众了解企业；另一方面企业通过参与社会活动了解公众需求，实现双方信息交流。

二、公共关系的类型

（1）日常事务型公共关系。日常事务型公共关系是指服装企业将树立企业良好形象贯穿于整个企业经营市场的日常事务中。企业为了在社会公众中树立良好形象，从企业的原材料采购到品牌设计生产、渠道建设、广告宣传、销售终端等各个环节，都严格把关，提供优质服务，做到环保，不损害公众利益，同时，维护企业职工利益，通过日常事务的良好习惯来积累自己的品牌信任，建立企业良好的声誉。

（2）宣传型公共关系。宣传型公共关系是指服装企业通过内部沟通和对外各种媒体，向企业员工及社会公众宣传自己，树立企业良好形象，提高企业的知名度，从而形成有利的社会舆论公共关系的模式。

宣传型公共关系包括内部公共关系和外部公共关系。内部公共关系的对象为企业员工、股东等，目的是使内部公众了解企业经营状况、面临的问题，主要通过企业报纸、企业网站、宣传片、座谈会等进行宣传。外部公共关系的对象包括消费者、中间商及其他公众，目的是使他们能够及时掌握企业信息，树立良好形象，主要通过大众媒体新闻报道。宣传型公共关系的特点是主导性强、时效性强、传播面广、推广组织形象效果快。

（3）交际型公共关系。交际型公共关系是指服装企业在公共关系中主要通过人际交往来与公众进行沟通交流，通过人际交往为企业带来人脉、机遇。交际型公共关系不借助媒体，沟通具有灵活性，是通过人与人之间面对面的交流，是情感交流，具有感情色彩。

（4）社会型公共关系。社会型公共关系是指服装企业通过有组织的社会活动来举办各种公共关系的形式。这种活动包括各种社会性、公益性、赞助性活动。社会活动包括举办公益讲座、赞助希望小学、赞助各种团体等，通过这些社会性活动来扩大服装企业的社会影响力。由于活动的公益性使大众对企业的好感值上升。社会型公共关系更注重企业的长远利益。

（5）预防危机型公共关系。预防危机型公共关系是指为防止影响服装企业正常生产秩序的进行，对服装企业的长期发展产生威胁，影响企业形象受到损失的突发事件的发生，服装企业事先准备预防措施而进行的一种公共关系。这种公共关系是以预防为主，建立与公众紧密联系，及时发现企业公共关系失调的先兆，及时按照预案进行干预，采取相应措施，使其向有利于企业形象的方向转化。

三、公共关系策略

公共关系策略的实施一般包含以下步骤：

（1）确定目标。确定公共关系的目标是公共关系策略实施的第一步，也是非常关键的一步，目标定错，后面的工作就没有意义了。公共关系目标是指企业公共关系策略最终要达到的状态和目的，是公共关系策略的核心，也是公共关系活动能否成功的关键，还是服装企业目标的延伸。

（2）收集信息。公共关系的目标确定了以后，就要围绕目标进行信息收集。信息收集包括以下几项：

1）宏观环境信息收集。针对人口环境、经济环境、政治环境、科学技术环境及社会文化环境，对企业公共关系是否产生影响。

2）收集消费者信息。通过问卷、访谈等方式了解消费者对企业的熟悉程度、对企业产品的了解程度，是否为企业产品的使用者，调研消费者对企业的态度是肯定还是否定，消费者期望企业未来的发展方向，提供什么样的产品等。

3）竞争对手信息。收集同行业竞争者、品牌竞争者的相关信息，其在消费者心中的定位、形象，了解对方在公共关系方面的行为，能否为企业借鉴。

（3）确定对象。公共关系的客体有多个，一定要准确定位公共关系的对象。公共关系的对象包括企业内部公众和外部公众。内部公众包括企业内部员工、股东等；外部公众包括消费者、经销商、政府、媒体、社区公众等，针对不同的对象，选择不同的公关手段和传播媒介。

（4）选择公关形式、传播媒介。公共关系的目标不同、对象不同，传播媒介的选择也不同，公共关系的形式是多种多样的，可以是语言、文字、实像等，也可以是新闻、公关广告、企业内部刊物、赞助活动、招待会、发布会等。公共关系的传播媒介也很多，可以是传统大众媒体，包括电视、广播、报纸等，也可以是新兴的网络传播，包括网络平台、微信、微博、抖音等。

（5）制订实施方案。公共关系的活动是一个科学的系统，需要通过一系列活动来实施方案。其过程包括确定实施活动的人员组成，人员数量不要太多，人员分工明确，优势互补，在知识结构、能力等方面互补；确定方案在实施过程中需要注意的问题；实施方案过程要由专家督导。

（6）效果评估。公共关系的总结评估非常重要，通过这一环节服装企业可以对比在开展公共关系前后公众对企业形象、产品认证、品牌认知等方面的变化。常用的评估方法包括民意调查法、专家评估法和比率统计法。

≫ 小链接

公共关系（Public Relations）一词最早出现在1807年美国总统托马斯·杰斐逊的国会演说中。北欧联合航空公司一位公共关系经理在一个培训班向学员讲解什么是公共关系时，用了这样一个比喻：好比一名青年追求伴侣，可以使用许多方法，大献殷勤就是一种，这不算公共关系，而是推销；努力修饰自己的外貌和风度，讲究谈吐举止，这也是一种吸引人的办法，但是这也不是公共关系，而是广告；如果这位青年经过周密的研究思考，制订计划，而且埋头苦干，以成绩获得他人的称赞，然后通过他人的口将对自己的优良评价传播，这就是公共关系。广告就是一种"付费的宣传"，而公共关系为"免费广告"。

公共关系策略分析及策划

目标品牌分析	虚拟品牌策划	要求
分析目标品牌公共关系策略	结合虚拟品牌特点，为虚拟品牌策划公共关系策略	团队成员对目标品牌公共关系策略进行分析，结合虚拟品牌特点，为虚拟品牌策划公共关系策略

任务六　服装陈列策略分析及策划

任务目标

1. 了解服装陈列的概念及功能。
2. 掌握卖场构成、服装陈列展示方式。
3. 培养利用环境因素的能力。

任务描述

团队成员对目标品牌陈列进行分析，结合虚拟品牌特点对虚拟品牌进行卖场布置、分区、店头设计、橱窗设计等策划。

知识准备

【微课】服装陈列
策略

【课件】服装陈列策
略分析及策划

一、服装陈列的概念与功能

服装陈列展示是人们按照一定的功能和目的对道具、服装产品的安排和陈列，也是一种视觉营销，还是终端卖场最有效的营销手段之一。服装陈列师不仅需要扎实的陈列基础知识，还要对流行时尚、消费者心理学、营销学等知识有一定的了解。巧妙的服装陈列与展示设计不仅可以提升品牌形象，还能通过服装陈列为卖场创造良好的销售氛围，提高店铺货品的视觉效果，突出品牌风格，促进销售。

服装陈列的功能如下。

1. 引导作用

通过服装产品的陈列，为消费者指示服装产品摆放的位置，将流行品、新品放置在店铺较为明显的位置。通过陈列可以引导消费者在卖场内流动，服装产品陈列规划好，能够使消费者尽可能地接触店内的更多服装产品。流动使消费者产生比较积极的心态，进而发生购买行为。

2. 展示产品风格、个性

通过陈列可以向消费者传递所经营服装的风格，为消费者说明产品的属性，使消费者能够充分掌握细节。例如，服装的款式设计、功能、价格、使用方法、面料、产地、生产工艺等。可以通过陈列展示服装个性，增加产品魅力，通过变换陈列组合来保持卖场内服装产品持续的新鲜感。

3. 营造良好气氛、树立品牌形象

服装陈列的灵感及缤纷色彩能制造出卖场的特定气氛，这不仅可以增进消费者的个体感觉，还可以营造一种人们自由交流的氛围。合理的陈列能够赋予产品特定的品牌文化与内涵，并加深消费者对该品牌的了解与信赖，从而提高产品附加值，从而增强店铺的竞争力。合理的陈列有利于维护商家信誉，终端店面的形象也从侧面代表着整个店铺的形象，好的形象能够加深店铺在消费者心中的印象，从而为永续发展打好基础。

二、服装陈列的方法

1. 系列化陈列

系列化陈列是将产品按照系列化的原则集中在一起的陈列方式。系列的归类和组织可以有不同的方法，例如，按照功能、风格、款式、面料、颜色、品牌等元素进行系列化区分，通过错落有致、异中见同的产品组合，使消费者获得一个全面系统的印象。

2. 搭配组合陈列

搭配组合陈列是将不同的服装搭配组合成套的陈列展示，能为消费者提供整套搭配的购买意见。这些服装在使用和消费上相互关联、相互补充，帮助店面促进产品的销售。

3. 重复陈列

重复陈列是指服装在一组陈列或者一个陈列货柜，采用两种以上的陈列形式进行多次交替循环的陈列方法，在交替与循环中形成节奏的韵律美感。

4. 场景陈列

场景陈列是将产品以某种场景或情节画面表现处理，使之成为其中的角色。这样的

展示是将产品通过模拟场景的方式来展示其在使用中的情景情形，彰显出产品的功能及外观的特点。

三、服装陈列展示的方式

服装陈列展示的方式有人模陈列、挂装陈列和叠装陈列。

1. 人模陈列

通常，人模陈列在服装陈列空间塑造品牌形象和体现品牌风格时采用。橱窗中的人模陈列可以相对独立存在，卖场中的人模陈列须注意与其他陈列形式相协调，人模展示的服装应具有代表性、搭配性和时尚性。

2. 挂装陈列

挂装陈列可分为正挂陈列和侧挂陈列两种方式。正挂陈列可以上下装搭配展示，吸引消费者购买，也可以展示更多的服装细节与搭配效果；缺点是需要占用较大的面积。侧挂陈列具有储存货物、构造陈列色区、体现组合搭配等作用，侧挂陈列时应注意陈列展示的整体性与每组展示的件数与间距。侧挂陈列无法一眼看清服装产品的全貌，对于领子服装的细节展示效果较差。

3. 叠装陈列

叠装陈列一般用于文化衫、牛仔裤、毛衫等产品，具有储藏货物、展示局部特色、体现色彩搭配等作用，缺点是只能看到服装款式和局部色彩，可以与挂装陈列与模特陈列组合展示。

四、服装卖场的构成

服装卖场由导入区、展示区、服务区组成。良好有序的陈列，易于购买的卖场环境能够增加消费者的好感度，提升品牌和卖场的形象，这就需要对卖场进行合理的区域规划设计。

1. 导入区

导入区不仅具有吸引消费者进入卖场的作用，同时，有展示品牌形象与突出品牌风格的作用。

2. 展示区

展示区是卖场区域规划的核心，与展示道具相搭配，同时，需要考虑展示区与其他区域相互协调。

3. 服务区

服务区包含休息区、试衣间、仓库与收银台等。服务区须建立在不影响导入区与展示区的基础上，简洁大方，与卖场整体装修风格相符合，保证整体卖场的整洁、宽敞与畅通。

五、服装卖场空间设计

1. 服装卖场招牌设计

招牌通常摆放在卖场的门口，处在导入区，与卖场的橱窗一同构成了店面的外在形象，在熙熙攘攘的商业区，消费者可以看到各种商店招牌，有吸引力的商店招牌对消费者有着非常重要的视觉和心理影响，起到了吸引更多消费者走入卖场的作用。

（1）招牌颜色的选择。消费者对招牌的认可往往是从颜色开始，再过渡到内容，所以，招牌的颜色客观上对吸引消费者起到了巨大的作用。服装卖场招牌的色彩需要与销售品牌服装的调性与装修风格相搭配，通常应使用暖色或中色，如红色、黄色、橙色、绿色等，并应注意各种颜色的适当搭配，温润明亮，使消费者念念不忘。

（2）招牌的位置。服装卖场的招牌位置有水平放置和垂直放置两种。水平放置通常放在卖场店面正上方的平行位置；垂直放置会垂直于店面的一侧，如果卖场在路口，最好在两边各放置一块招牌，使不同方向的行人从远处就能看到。人们经常可以看到有些卖场的招牌都是两面或三面设计的，方便从不同方向过来的路人看到。

（3）招牌照明的设计。服装卖场招牌的灯光效果也很重要，可以增加店铺夜间的可见度。它还可以为招牌创造不同的照明效果，为现场创造生动愉快的气氛。例如，霓虹灯和荧光标志可以规划成各种形状和颜色。奇妙的变化和灯光的闪烁可以产生一种动态的感觉显得活泼而有吸引力。

2. 服装卖场空间规划

（1）服装卖场空间规划设计要求。服装卖场空间规划设计要求是方便消费者愉悦舒适的选购，同时，也方便卖场进行管理，易看到、易摸到、易选择、易组合、易购买是产品规划设计的要求，陈列师首先要做的就是对产品进行分类，只有分类以后的产品才能变得有序、有美感，才能吸引消费者、留住消费者、方便消费者。

（2）陈列道具的使用。陈列道具的使用是为了增加陈列展示的气氛和突出系列主题，它能够吸引消费者的注意，增加消费者浏览产品的时间从而增加消费者的购买概率。

（3）服装卖场色彩。在服装卖场入口陈列产品时，色彩的排列要按从亮色到暗色的顺序，服装卖场内的货架上则要按照从上到下越来越暗的顺序陈列，这样才能给人以稳定感。用亮色系装饰的空间看上去比用深色系装饰的空间宽，所以，常将亮色、暖色陈列在前面，暗色、冷色陈列在后面。

（4）服装卖场照明设计。服装卖场照明的设计不仅需要符合视觉规律，还要保证服装具有很好的展示效果。在照明设计中需要运用不同明暗、色彩、角度的光源和照明去表现和展示服装，烘托品牌形象，吸引消费者的视线。灯光本身就复杂而绚丽，美感十足，它的正确应用能够对空间进行塑造，并赋予其独特的个性，营造出良好的展示氛围，因此，照明是卖场设计中的重要表现手法和吸引消费者的手段之一。

3. 橱窗设计

橱窗设计在陈列空间中是最为突出的，是展示服装品牌形象、介绍产品最直观的形式，成功的橱窗设计可以彰显品牌的文化、设计风格与定位，明确产品的消费属性。

（1）橱窗的分类。橱窗可分为通透式、半通透式、封闭式三种。

1）通透式的橱窗没有后背，直接与卖场的空间相通，消费者可以通过玻璃将卖场内的情况尽收眼底。通透式的橱窗适合中小型专卖店或卖场。

2）半通透式的橱窗后背采用半封闭形式与卖场相连，这种橱窗空间分割的形式很多，所使用的分割材料有背板、玻璃、屏风、宣传画等。

3）封闭式的橱窗背后装有壁板，与卖场空间完全隔开，形成单独的空间，封闭式橱窗比较适合空间面积较大的卖场，适合表现品牌的艺术特色。

（2）橱窗设计的构图方法。

1）对称式构图。对称式构图适合表现较为庄重的主题，给予消费者稳定、安静的感觉。

2）均衡式构图。均衡式构图适合表现较为活泼的主题，给予消费者干净、明朗的感觉。

3）辐射式构图。辐射式构图可以表现出服装之间的连带关系和花色品种的多样性，一般"辐射源"是产品的主体。

4）对角线式构图。对角线式构图可以表现产品的更新换代，也可用对角线来划分展区，三角形底色可不相同。

5）直线式构图。直线式构图的特点显著，引人注目。

6）曲线式构图。曲线式构图具有动感性。

7）并列式构图。并列式构图适用于较长的橱窗，可以表现出丰富的产品品种及花色。

≫≫ 小链接

一位女高中生在7-11的店铺打工，由于粗心大意，在进行酸奶订货时多打了一个零，使原本每天清晨只需要3瓶酸奶变成了30瓶，按规矩应由女高中生自己承担损失，这就意味着她一周的打工收入将付之东流，因而逼着她想方设法地将这些酸奶赶紧销售出去。冥思苦想的高中生灵机一动，把装酸奶的冷柜移动到盒饭销售柜旁，并制作一个POP海报，写上"酸奶有助于消化"，酸奶被一抢而空，从此酸奶和盒饭就被陈列在一起。

任务实施

陈列设计分析及策划

目标品牌分析	虚拟品牌策划	要求
分析目标品牌陈列，包括卖场布置、分区、店头设计、橱窗设计等	结合虚拟品牌特点，为虚拟品牌策划品牌的陈列，包括卖场布置、分区、店头设计、橱窗设计等	团队成员对目标品牌陈列进行分析，结合虚拟品牌特点对虚拟品牌进行卖场布置、分区、店头设计、橱窗设计等策划

考 / 核 / 评 / 价

教师评价表（教师评价占学生成绩的 70%）

考核项目：			班级：	
团队名称：			成员：	
考核任务	考核内容		得分	总分
广告策略 （20分）	广告形式、内容调研是否全面，虚拟品牌广告策划是否有全面、有创意			
人员促销 （20分）	目标品牌人员促销策略调研是否全面，虚拟品牌人员规划是否合理			
销售促进 （20分）	目标品牌销售促进方案调研是否全面，虚拟品牌销售促进设计合理			
公共关系 （20分）	目标品牌公共关系调研是否全面，虚拟品牌公共关系策划是否全面有创意			
陈列 （20分）	目标品牌陈列分析是否全面，虚拟品牌陈列规划合理，陈列符合品牌风格			

小组成员互评表（小组成员互评占学生成绩的 30%）

考核项目：			班级：	
考核成员：			被考核成员：	
考核任务	考核内容		得分	总分
承担任务完成情况 （40分）	能够较好地完成团队分配任务，内容完善，有始有终，及时完整			
团队合作能力 （20分）	有较好的合作配合、组织领导能力			
处理突发问题能力 （20分）	能够解决处理突发问题，及时沟通			
个人能力 （20分）	对问题有想法，有前瞻性，能够提出建设性建议			

参考文献

［1］刘晓红，刘东，陈学军，等.服装市场营销［M］.3版.北京：中国纺织出版社，2008.

［2］王鸿霖.服装市场营销［M］.北京：北京理工大学出版社，2010.

［3］尹庆民，林妍梅.服装市场营销项目化教程［M］.北京：高等教育出版社，2018.

［4］菲利普·科特勒，凯文·莱恩·凯勒.营销管理（全球版）［M］.5版.汪涛，译.北京：中国人民大学出版社，2012.

［5］赵平.服装市场营销［M］.北京：中国纺织出版社，2007.

［6］孟韬，毕克贵.营销策划：方法、技巧与文案［M］.北京：机械工业出版社，2021.

［7］祖秀霞.品牌服装设计［M］.上海：上海交通大学出版社，2013.

［8］徐曼曼.服装设计实务［M］.北京：化学工业出版社，2018.

［9］格威妮丝·穆尔.服装市场营销与推广［M］.张龙琳，译.北京：中国纺织出版社，2015.

［10］荣晓华.消费者行为学［M］.7版.大连：东北财经大学出版社，2022.

［11］华梅，周梦.服装概论［M］.北京：中国纺织出版社，2009.

［12］范铁明.服装品牌营销与市场策划［M］.重庆：重庆大学出版社，2011.

［13］杨以雄.服装市场营销［M］.沈阳：东华大学出版社，2004.

［14］李怀斌.市场营销学［M］.北京：清华大学出版社，2007

［15］吴炜，董杰.市场营销实训教程［M］.武汉：华中科技大学出版社，2009.

［16］韩英波，祖秀霞.服装市场营销［M］.北京：中国轻工业出版社，2020.